\#스페인요리_심플하게건강하게

\#세계적트렌드_지중해미식

\#스페인식문화_타파스

\#집에서만드는_빠에야맛집

맛있는 요리를 만드는 레시피가 있는 것처럼 웃음, 힐링, 성장을 만드는 레시피도 있을까요?
레시피팩토리는 모호함으로 가득한 이 세상에서 당신의 작은 행복을 위한 간결한 레시피가 되겠습니다.

가장 심플한 지중해 미식 *Hola*
집에서 즐기는 스페인 요리 여행

Prologue

별것 아닌 거 같은데
왜 이리 맛있을까?

그 단순한 호기심 하나가
결국 저를 두 번째 스페인행 비행기에 오르게 했습니다

저는 스페인에 삽니다

"이제 한국보다 스페인이 더 편하세요?"
최근에 받은 이 질문에 저도 모르게 "네"라는 대답이 먼저 튀어나왔습니다. 스페인 사람들의 빠르고 거침없는 말의 속도는 여전히 저에겐 버겁고, 스마트폰 클릭 한번에 모든 게 배송되는 한국에 비하면 이곳은 느리고 불편한 점이 한두 가지가 아닙니다. 그럼에도 불구하고, 이곳의 삶이 이제는 심리적으로 더 편하게 느껴지나 봅니다.

온화한 날씨가 주는 평온함, 아이에게 화장실 줄을 먼저 내어주는 배려심, 밤새 아기 울음소리가 들리면 걱정부터 전하는 이웃의 따뜻함, 목소리를 높이지 않는 사람이 더 존중받는 문화까지, 어느새 저는 '감사합니다(Gracias)'를 입에 달고 사는 고마움에 익숙한 사람이 되어 있었습니다.

점심을 먹으며 저녁 메뉴를 이야기하던 가정에서 자란 저에게, '먹는 것'은 늘 인생에서 가장 중요한 화두였습니다. 맛있는 걸 좋아해 외식업 마케터로 사회생활을 시작했고, 스페인으로 요리 유학을 결심하게 된 계기도 신혼여행에서 만난 타파스 문화의 매력 때문이었습니다. 별것 아닌 거 같은데 왜 이리 맛있을까? 그 단순한 호기심 하나가 결국 저를 두 번째 스페인행 비행기에 오르게 했습니다.

스페인 요리는 쉽고 편안합니다

여행자의 시선으로 잠시 스쳐 지나갔던 스페인 요리는, 실제 삶 속에서 마주하니 훨씬 더 깊고 풍부했습니다. 그 중심에는 스페인의 '풍요로움'이 있었죠. 유럽에서도 손꼽히는 농업 강국인 스페인은 값싸고 질 좋은 채소와 과일이 풍성하게 넘쳐납니다. 지중해와 대서양을 동시에 접하고 있어 사계절 내내 해산물이 풍부하며, 전국 어디서나 와인이 생산되고, 넓은 목초지에서 자란 가축으로 만든 치즈까지 더해지니 가히 '식재료 천국'이라 할만합니다.

스페인의 지리적 다양성은 음식 문화에도 깊이를 더합니다. 17개의 자치주는 각기 다른 기후와 환경 속에서 고유한 식문화를 발전시켜왔습니다. 서남부 데에사 지역의 이베리코 돼지와 하몬, 발렌시아 곡창지대에서 유래한 빠에야, 무더운 남부 지방의 가스파초, 내륙의 추운 겨울을 나기 위한 스튜와 육가공품, 지중해 연안의 올리브유와 채소 중심의 식단, 대서양 연안의 대구를 활용한 요리 등이 있지요.

스페인의 음식은 단순히 지리와 기후의 산물만은 아닙니다. 수천 년에 걸친 역사와 문화의 융합 속에서 지금의 모습으로 완성되었습니다. 고대 페니키아인들이 전한 올리브나무는 이제 스페인의 상징이 되었고, 로마 제국 시절 시작된 와인 생산은 오늘날 세계적인 와인 강국의 기반이 되었습니다. 약 800년간 이어진 무슬림의 통치 시기를 통해 쌀, 오렌지, 아몬드, 사프란 같은 식재료들이 식탁에 자리 잡았으며, 대항해 시대에 중남미에서 들여온 감자와 토마토는 지금의 토르티야나 가스파초 같은 국민 요리를 탄생시키는 데 결정적인 역할을 했습니다.

제가 느끼는 스페인 요리의 가장 큰 장점은 '쉽고 편안하다'는 것입니다. 프랑스 요리처럼 복잡하거나 까다롭지 않고, 버터나 크림 대신 올리브유와 마늘을 주로 사용하는 덕분에 느끼함도 훨씬 덜합니다. 지중해식 식단 특유의 계절감과 건강함도 큰 매력입니다. 조리법과 식재료가 한국인의 식습관과 크게 동떨어져 있지 않으면서도 결과물은 충분히 이국적인 느낌을 줍니다.

현지에서 전하는 정통 스페인 요리를 기록하고 싶었습니다

짧다면 짧고, 길다면 긴 8년의 '스페인 미식' 여정. 스페인에 첫발을 디딘 후 전국 방방곡곡 230여 개 도시를 누비며, 각 지역 음식이 만들어진 맥락을 이해하고자 했습니다. 재래시장, 올리브 농장, 이베리코 목장, 100년 노포 식당, 장인 통조림 공방, 치즈 동굴까지, 궁금한 재료나 메뉴가 있다면 주저 없이 발걸음을 옮겼습니다. 바르셀로나에서는 대중식당부터 미슐랭 레스토랑까지 다양한 주방에서 전통 요리부터 현대적이고 창의적인 레시피까지 폭넓게 경험하며 '스페인의 맛'에 대한 감각을 넓혀갔습니다.

이런 여정 속에서 쌓인 시간과 경험을 언젠가는 책으로 남기고 싶다는 마음을 늘 품고 있었습니다. 꼭 요리를 하지 않더라도 문득 꺼내보고 싶은 요리책이 있듯이, 누군가의 책장에 편안하게 자리 잡을 수 있는 그런 책, 단순히 흥미나 트렌드를 쫓는 것이 아니라 현지에서 전하는 정통 스페인 요리의 시작점을 누군가는 기록해야 한다면, 그 첫 단추를 제가 꿰어보고 싶었습니다.

이 책은 스페인 요리책이자 요리 여행이기도 합니다

이 책은 단순히 요리법만 전달하는 데 그치지 않고, 한국에서도 누구나 쉽게 스페인 요리를 즐길 수 있도록 구성했습니다. 감바스 알 아히요나 토르티야처럼 익숙한 메뉴에는 깊은 맛을 더하는 포인트를 담았고, 아직 낯선 가정식 요리들은 주변 재료만으로도 충분히 따라 할 수 있도록 설명했습니다. 특히 'Chef's Note'에는 요리에 익숙하지 않은 분들도 실수 없이 만들 수 있도록 실용적인 팁을 정리해 놓았습니다.

또한 이 책은 요리책이면서 동시에, 스페인 전역을 누비며 만난 '진짜 스페인 요리 여행'이기도 합니다. 가능한 한 오리지널에 가깝고, 토속적이며 정통성 있는 메뉴들 중심으로 담았습니다. 아직 한국에선 생소한 장르일 수 있는 스페인 요리에 대한 첫인상이 왜곡되지 않기를 바라는 마음에서입니다.

모든 조리와 촬영은 100% 스페인 현지에서 진행했습니다. 우리 집 부엌과 발코니, 정원, 옥상, 시골 농막과 산장, 해변 캠핑장까지, 다양한 공간을 통해 스페인의 햇살과 공기까지도 함께 담고 싶었고, '아는 만큼 맛있다'는 말처럼, 중간중간 시장 이야기나 재료에 대한 설명도 곁들여 읽는 즐거움도 함께 전하고자 했습니다.

출판사와 계약을 맺고부터 완성까지, 꼬박 1년 반이 걸렸습니다. 해외에서 아이 둘을 키우며 틈틈이 촬영하고 원고를 쓰는 일이 이 정도 난이도일 줄 알았다면, 과연 시작할 수 있었을까 싶습니다. 몸과 마음이 고단할 때면, 지난 촬영 사진들을 들춰보곤 합니다. 음식 사진 한 장에 그날의 햇살과 바람, 여유로운 새소리와 때로는 다급했던 대화의 목소리까지 생생하게 되살아나고, 어느새 이 책은 우리 부부의 소중한 시간과 여정이 고스란히 담긴 기록지가 되어 가고 있었습니다. 그리고 언젠가 우리 아이들이 이 책을 펼쳐 보며 아빠가 만들어주던 요리와 그때의 따뜻함을 추억해 줄 수 있기를 바랍니다.

2023 스페인 수에카 국제 빠에야 경연 대회 한국대표로 참가해 현지 방송국과 인터뷰 중인 저자(좌)
2021 발렌시아 빠에야 월드컵 한국대표로 참가했던 저자와 가족들(우)

흥미롭게 이 여정을 함께 들어주고, 소중한 첫 책의 출발을 함께해 준 레시피팩토리에 감사의 인사를 전합니다. 아직은 아빠가 최고의 요리사라고 생각하는 나의 Diana 와 Raúl, 그리고 한국의 가족, 친지들이 보내주는 따뜻한 응원과 격려는 늘 소중한 에너지의 동력이 됩니다. 진심 어린 배움과 영감을 나눠준 나의 현지인 친구들과 전국의 로컬 자문 위원들 - Mauro, Nacho, Dani, Charo, Nati, Edu, Fito, Gines, Toni, Adolfo, Noelia - 모두에게 진심으로 감사드립니다.

지난 8년의 미식 여정에 늘 동행해주고, 바쁜 시간 쪼개어 사진 촬영과 레시피 수정까지, 이 책의 전 과정에 함께한 아내 이수빈에게 감사와 사랑의 마음을 전합니다.

2025년 5월의 마지막날
뜨거운 정열의 세비야에서
스페인 요리사 **이상훈**

Contents

006　Prologue
별것 아닌 거 같은데 왜 이리 맛있을까?
그 단순한 호기심 하나가
결국 저를 두 번째 스페인행 비행기에 오르게 했습니다

Chapter 1

스페인 요리의 매력 속으로

- **018** 왜 스페인 요리냐고요?
  스페인 요리만의 6가지 매력
- **020** 지역을 알면 요리가 보인다
  스페인 4지역군의 각양각색 음식 문화
  - 해산물과 낙농업의 메카, 북부 해안 지역
  - 투박한 육류와 곡물 요리, 중북부 내륙 지역
  - 풍부한 식재료와 다채로운 식문화,
    동부 지중해 지역
  - 세계적인 올리브유 생산지,
    남부 안달루시아 지역
- **026** 건강한 미식을 책임진다
  스페인 주방의 10가지 필수 재료
  올리브유 / 셰리와인식초 / 토마토 / 홍피망
  마늘 / 콩 / 피멘톤 / 파슬리 / 견과류 / 빵
- **032** Chef's Note 햄과 소시지
- **034** 본격적으로 스페인 요리를 배워볼까요?
  **가장 많이 사용되는
  기본 육수와 소스 9가지**
  닭육수 / 해물육수 / 알리올리 / 토마테 프리토
  로메스코소스 / 살모레타 / 브라바소스
  모호 피콘 & 모호 베르데

Chapter 2

가장 스페인다운 클래식 타파스

- **052** 판 콘 토마테
- **056** 러시안 샐러드
- **060** 스페인식 오믈렛
- **064** 홍합 에스카베체
- **068** 멸치 마리네이드
- **072** 갈리시아식 뿔뽀
- **076** 레드와인 초리소
- **080** 햄 크로켓

Chapter 3
스페인의 주말에 빠질 수 없는 빠에야와 쌀 요리

- 086 Chef's Note 빠에야 완전 정복하기
- 090 해산물 빠에야
- 094 발렌시아식 전통 빠에야
- 098 스페인식 해물밥
- 102 알리칸테식 국물밥

Chapter 4
올리브유 듬뿍, 지중해 햇살을 닮은 채소 요리

- 108 가스파초
- 114 살모레호 / Plus Recipe 비트 살모레호
- 120 라만차식 파프리카 샐러드
- 124 카탈루냐식 채소 오븐구이
- 128 세비야식 토마토 마리네이드
- 132 하엔식 떠먹는 샐러드
- 136 상추 앤초비 샐러드
- 140 노가리 샐러드

Chapter 5
지중해 식단의 주인공 소박한 해산물 요리

- 146 감바스 알 아히요
- 150 데친 새우
- 154 갑오징어 철판구이
- 158 바지락 술찜
- 162 마리네라소스 홍합
- 166 카디즈식 참치찌개
- 170 대구살 페이스트
- 174 필필소스 대구 목살

Chapter 6
역사가 녹아 있는 지역의 숨은 별미 육류 요리

- 180 위스키소스 돼지 안심
- 184 마리네이드 돼지 등심
- 188 톨레도식 돼지 스튜
- 192 피레네식 삼겹 양배추
- 196 미트볼과 갑오징어 스튜
- 200 무어인 스타일의 꼬치구이

Chapter 7
재료 본연의 맛을 살린 스페인 대표 튀김 요리

- 206 꿀가지 튀김
- 210 바로셀로나식 감자 크로켓
- 214 마리네이드 멸치 튀김
- 218 민물새우 전병
- 222 홍합살 튀김
- 226 칼라마레스 샌드위치
- 230 하몬 롤돈까스

Chapter 8
온 가족이 함께하는 푸근한 냄비 요리

- 236 마늘 수프
- 240 주키니 수프
- 244 렌팅콩 스튜
- 248 시금치 병아리콩 스튜
- 252 남부식 갑오징어 스튜
- 256 초리소 감자 스튜
- 260 바스크식 해물찜
- 264 소꼬리 찜

Chapter 9
스페인 요리의 달콤한 마무리 스페인식 디저트

- 270 카탈루냐식 크렘 브륄레
- 274 라이스 푸딩
- 278 안달루시아식 프렌치 토스트
- 282 스페인식 도넛
- 286 산티아고 케이크

- 290 Index
  가나다 순 / 재료별

〈집에서 즐기는 스페인 요리 여행〉 활용법

① **스페인어 메뉴명 표기**
메뉴명을 스페인어로 표기하고 한글로 발음을 함께 적었어요. 메뉴 소개 하단에는 단어에 대한 뜻을 표기해 메뉴명에 대한 이해를 돕습니다.

※ 발음은 외래어 표기법에 따라 표기하였고, 빠에야, 뿔뽀처럼 우리나라에서 메뉴명으로 널리 알려진 경우에는 그대로 적었습니다.

② **메뉴 소개**
메뉴의 유래와 지역, 메뉴에 얽힌 저자의 경험담 등 다양한 이야기로 스페인 요리에 대한 재미와 흥미를 더합니다.

③ **재료 준비**
사전 준비가 필요한 경우 인분수 옆에 시간을 따로 표시했습니다. 재료를 조리 순서대로 나열해 따라 하기 쉬워요.

④ **지도로 지역 소개**
요리가 탄생한 지역, 쉽게 접할 수 있는 지역을 지도에 표기했습니다. 한눈에 알아보기 쉬워요.

⑤ **응용 메뉴 설명**
응용 방법에 대한 아이디어를 곁들였습니다. 다양한 요리를 함께 즐겨보세요.

⑥ **포인트 과정 사진**
재료 썰기와 중요 포인트를 과정으로
자세하게 보여줍니다. 스페인 요리를
처음 접하는 사람들도 어렵지 않게
따라 할 수 있어요.

⑦ **자세한 설명과 팁**
자세한 설명과 과정별 팁을 적었어요. 그대로
따라 하면 스페인 현지의 맛을 낼 수 있어요.

⑧ **현지 활용법 소개**
현지의 유명 맛집, 응용 조리법과
재료 등을 알려줍니다. 스페인 요리에
대한 지식이 한층 더 넓어져요.

⑨ **셰프 노트**
더 맛있게 먹는 방법, 잘 어울리는 토핑 재료,
대체 재료 등 저자만의 팁을 담았어요.
현지 사람들만이 알 수 있는 깨알 같은
정보들이 많아요.

Chapter 1

스페인 요리의

매력 속으로

" 스페인을 다녀온 분들 중에는
이렇게 말하는 분들이 많습니다.
"스페인에서는 다 맛있었어요!"
"스페인에서 시작된 요리가 많군요!"

한국인의 입맛마저 사로잡은
스페인 요리는 지금 세계적으로,
또 한국에서 가장 트렌디한 미식 중
하나가 아닐까 싶습니다.

최근 세계 레스토랑 순위를
매기는 지표에서 20위권에 스페인
레스토랑이 5곳이나 오르기도 했고,
아시아에서 스페인을 찾는 이들이
가장 빠르게 늘고 있는 나라가
한국이라는 것이 그 방증이죠.

건강한 지중해식 중 가장 심플한
레시피라 집에서 즐기기에도 제격인
스페인 요리, 그 매력 속으로
함께 가보실까요? "

왜 스페인 요리냐고요?

스페인 요리만의
6가지 매력

1. **세계적으로 인정 받은 건강식,**
   지중해 식단

   스페인 요리는 지중해식 식단의 철학을 고스란히
   담고 있다. 올리브유를 비롯해 콩, 해산물, 토마토,
   견과류 등 신선하고 영양가 높은 재료들을 풍부하게
   사용한다. 매 끼니가 곧 건강을 위한 선택이 되는
   식문화인 셈이다.

2. **지중해식 중 가장 심플한 레시피,**
   스페인 요리

   스페인 요리는 '심플함' 그 자체이다. 조리법도
   단순하고 재료도 많지 않다. 레시피를 읽으면 맛이
   그대로 그려진다. 재료 본연의 맛을 살리면서도
   간단한 조리법 안에서 맛의 조화와 풍미를 만들어
   낼 수 있는 요리들이 많다.

3. **스페인 식문화의 중심에 있는**
   타파스 문화

   스페인 식문화의 핵심 중 하나인 '타파스(Tapas)'는
   '작은 접시에 담긴 음식'을 뜻한다. 여럿이서 더 많은
   요리를 부담 없이 즐길 수 있는 여유로운 맛의 축제,
   맛과 대화를 나누며 정을 느낄 수 있는 스페인의
   따뜻한 식문화이다.

4. **향과 풍미의 조화를 이루는**
   향신 채소와 향신료가 킥

   스페인 요리는 자극적인 맛보다는 향과 풍미의
   조화를 중시한다. 마늘, 양파, 파슬리, 피멘톤, 사프란
   등 향신 채소와 향신료들이 요리에 깊이와 개성을
   더한다. 과하지 않지만 은은한 향이 요리 전반에
   스며들며, 부담스럽지 않은 스페인 특유의 따뜻한
   풍미를 만들어낸다.

5. **유제품을 거의 쓰지 않고,**
   우리 입맛에도 딱 맞는 깔끔한 맛

   마늘, 양파, 해산물, 쌀 등은 한국뿐 아니라 스페인의
   식탁에서도 빠지지 않는 핵심 재료. 또한 조리
   과정에 치즈, 크림 등의 유제품을 거의 사용하지
   않기 때문에 상대적으로 느끼함이 덜하고 담백하다.
   그래서 스페인 요리를 처음 접하는 한국 사람들도
   거부감 없이 즐길 수 있다.

6. **이미 우리에게 친숙해진**
   세계적인 스페인 대표 요리들

   "이 요리가 스페인 요리였어?!" 우리가 음식점이나
   공원, SNS 등에서 자주 접했던 메뉴들 중에도
   은근 스페인 요리가 많다는 사실! 빠에야, 감바스,
   가스파초, 뽈뽀, 추로스, 바스크 치즈케이크 등.
   이미 우리는 스페인의 맛에 친숙해 있다.

지역을 알면 요리가 보인다

스페인 4지역군의 각양각색 음식 문화

해산물과 낙농업의 메카, 북부 해안 지역
1. 어패류의 보고 **갈리시아**
2. 앤초비 통조림이 유명한 **칸타브리아**
3. 미슐랭 스타와 핀초스로 유명한 **바스크**

풍부한 식재료와 다채로운 식문화, 동부 지중해 지역
7. 파리를 뛰어 넘는 유럽의 미식 수도 **바르셀로나**
8. 빠에야가 발달한 곡창 지대 **발렌시아**
9. 스페인 남동부의 농업 허브 **무르시아**

투박한 육류와 곡물 요리, 중북부 내륙 지역
4. 장작 오븐 통구이의 원조 **카스티야 이 레온**
5. 양젖치즈 만체고의 산지 **라 만차**
6. 국토의 중앙, 식도락의 중심 **마드리드**

세계적인 올리브유 생산지, 남부 안달루시아 지역
10. 타파스 문화의 중심지 **세비야**
11. 최고급 이베리코 생산지 **우엘바**
12. 셰리와인과 참치의 생산지 **카디즈**
13. 지중해 해산물 요리의 전통 **말라가**

해산물과 낙농업의 메카, **북부 해안 지역**

- 칸타브리아해를 따라 대서양의 풍부한 해산물을 만날 수 있는 지역이다.
- 강수량이 가장 많은 지역이기도 해서, 목초지가 발달해 '그린 스페인'이라고도 불리며 치즈, 우유, 소고기의 품질이 뛰어나다.
- 사과 발효주 '시드라(Sidra)' 문화가 익숙하다.

북부 해안 지역 맛보기

1. **갈리시아** : 홍합, 바지락, 문어 등 다양한 어패류의 보고로, 문어 축제를 비롯해 가장 다양한 해산물 축제가 열리는 곳이다.
2. **칸타브리아** : 다양한 통조림 가공업이 발달한 곳으로, 특히 앤초비 통조림은 세계적인 품질로 인정 받고 있다.
3. **바스크** : 스페인 미식의 성지로 불리며, 스페인 최고 수준의 레스토랑과 '핀초스(Pintxos)'라는 대중적인 길거리 음식 문화가 절묘하게 공존하는 곳이다.

❶ 갈리시아의 문어 축제
❷ 바스크 지역의 산 세바스티안 핀초스 투어는 미식가들의 버킷리스트 중 하나이다. '한입의 예술'로 불리는 다양한 핀초스들을 맛보기 위한 사람들로 언제나 인산인해를 이루는 핀초스 골목
❸ 이름처럼 바스크 지역의 한 식당에서 유래한 바스크치즈케이크
❹ 세계적인 품질로 인정 받고 있는 칸타브리아의 앤초비 통조림 공장

투박한 육류와 곡물 요리, **중북부 내륙 지역**

- 광활한 메세타 고원을 중심으로 거칠고 메마른 땅에서 자란 육류와 곡물 요리가 발달했다.
- 양과 돼지 등을 통째로 활용하는데, 특히 애저(어린 새끼 돼지) 통구이인 '코치니요 아사도(Cochinillo Asado)'가 유명하다.
- 초리소(33쪽), 모르시야(33쪽) 같은 소시지, 전통 스튜, 사냥 요리 등 소박한 땅의 음식들이 지역 식문화의 중심을 이룬다.

중북부 내륙 지역 맛보기

4. **카스티야 이 레온** : 어린 돼지와 양구이 등 육류 중심의 전통 요리, 모르시야와 세시나 같은 육가공품도 유명하다.
5. **라만차** : 돈키호테로드로 유명한 지역. 양고기, 목동들을 위한 스튜, 스페인 대표 양젖치즈인 '만체고(Manchego)'로 잘 알려져 있다.
6. **마드리드(스페인의 수도)** : 100년 역사의 노포와 현대적 미식 문화가 공존하는, 명실상부 스페인 식도락의 중심지이다.

❶ 돼지를 통째로 활용하는 애저 통구이가 유명한 카스티야 이 레온
❷ 밀, 곡물 농사가 발달한 라만차 지역의 돈키호테로드
❸ 명실상부 스페인 식도락의 중심지 마드리드의 100년 이상 된 노포

풍부한 식재료와 다채로운 식문화, 동부 지중해 지역

- 온화한 기후와 비옥한 자연환경 덕분에 쌀, 채소, 견과류, 해산물 등 풍부한 식재료를 바탕으로 건강하고 다채로운 식문화가 발달한 지역이다.
- 재료 본연의 맛을 살린 단순하고 건강한 요리들이 중심을 이루며 지중해식 식단의 전형을 보여준다.

동부 지중해 지역 맛보기

7. **바르셀로나** : 개방적이고 실험적인 미식 문화로 유명하며, 전통 요리를 현대적으로 재해석하는 한편 세계 각국의 요리와 자유롭게 융합해 유럽의 미식 수도로 자리 잡았다.
8. **발렌시아** : 알부페라 습지를 중심으로 한 스페인 최대의 쌀 재배지. 토끼와 콩을 넣은 전통식 빠에야부터 해산물 빠에야, 국물이 있는 아로스(Arroz)까지 다양한 쌀 요리가 발달했다.
9. **무르시아** : '스페인의 채소밭'이라 불리며 농업과 해산물의 풍요가 어우러진 소박하고 건강한 지중해 요리가 특징이다.

❶ 스페인 최대의 쌀 재배지인 발렌시아 알부페라 습지
❷❸ 장작불을 피워 만드는 발렌시아의 60인분 전통 빠에야
❹ 바르셀로나의 미식을 논할 때 빠질 수 없는 로컬 새우 감바 로하(Gamba Roja)

세계적인 올리브유 생산지, **남부 안달루시아 지역**

- 투우와 플라멩코의 고향. 따뜻한 기후와 풍부한 햇살 덕분에 전 세계 올리브유의 약 40%가 생산된다.
- 더운 기후에 어울리는 차가운 토마토 수프인 가스파초(108쪽), 살모레호(114쪽) 등이 발달했다.
- 지중해와 대서양의 참치, 갑오징어, 고등어 등 다양한 해산물이 사랑받고 있으며, 특히 모둠 해산물 튀김인 '페스카이토 프리토(Pescaíto Frito)'가 유명하다.

❶ 안달루시아에서 쉽게 볼 수 있는, 끝없이 펼쳐진 올리브밭 전경
❷ 안달루시아 여름 해변의 상징과 같은 해산물 튀김
❸ 작은 요리를 함께 나눠 먹는 세비야의 타파스 문화
❹ 도토리를 먹는 데에사의 이베리코 돼지

남부 안달루시아 지역 맛보기

10. 세비야 : 타파스 문화를 꽃피운 중심지. 안달루시아 전역에 뿌리내린 사교적인 식문화를 세비야의 활기찬 바(Bar)에서 즐길 수 있다.

11. 우엘바 : 참나무 목초지 데에사에서 도토리를 먹여 키운 이베리코 돼지로 유명하며, 특히 하부고 마을의 하몬은 깊은 풍미로 세계적인 명성을 얻고 있다.

12. 카디스 : 헤레스에서는 독창적인 숙성 시스템으로 탄생한 셰리와인이 유명하며, 지브롤터 해협에서는 2천 년 전통의 참치잡이 문화가 이어지고 있다.

13. 말라가 : 숯불에 구운 정어리 꼬치와 모둠 해산물 튀김은 여름 해변에 빠질 수 없는 미식의 정수이다.

건강한 미식을 책임진다

스페인 주방의 10가지 필수 재료

1. 올리브유
매일 식탁에 오르는
스페인과 지중해 식문화의
중심 재료

2. 셰리와인식초
셰리와인으로 만든
산뜻하고 깊은 맛의
스페인 식초

3. 토마토
스페인 사람들의
매일 아침을
책임지는 채소

4. 홍피망
스페인에서 가장 즐기는,
색감 단맛 식감을
풍부하게 하는 채소

5. 마늘
우리 입맛도 사로 잡을 수
있었던 비결의 재료

6. 콩
건강하고 든든한 식사에서
빠질 수 없는 핵심 재료

7. 피멘톤
스페인 요리의
캐릭터를 부여하는
일등 공신

8. 파슬리
스페인 가정식과
전통식에서 가장
많이 쓰는 허브

9. 견과류
간식으로도 즐기지만,
요리에도 풍미와 영양을
책임지는 재료

10. 빵
지역색을 담은 식문화의
핵심, 스페인의 주식

올리브유 Aceite de Oliva

- 전 세계 올리브유 생산량의 약 40%를 차지하고 있는 올리브유의 천국 스페인.
- 스페인에는 200개 이상의 올리브 열매 품종이 자라고 있으며, 안달루시아 지방을 중심으로 세계 최대 규모의 올리브 재배지를 갖추고 있다. 이 지역은 특히 풍부한 햇볕과 건조한 기후 덕분에 올리브 열매의 품질이 뛰어나고, 향미가 풍부하다. 긴 일조량과 낮은 습도는 올리브 열매 속 지방산 조성을 안정시켜 고급 오일을 생산하기에 매우 유리하다.
- 스페인의 올리브유는 다양한 품종의 개성 있는 풍미로도 잘 알려져 있다. 피쿠알 품종은 강한 풀 향과 쌉싸름한 맛, 오히블랑카 품종은 과일 향과 부드러움, 이 외에도 아르베키나 등 지역별 다양한 품종이 각기 다른 특성과 용도에 맞는 고유의 풍미를 제공한다.
- 올리브유는 스페인 요리의 근본이자 지중해식 식단의 정수로, 볶음, 튀김, 절임, 샐러드 드레싱 등 다양한 방식으로 활용한다. 특히 샐러드나 빵 위에 생으로 뿌려 먹을 때는 반드시 엑스트라 버진 올리브유(Aceite de Oliva Virgen Extra)를 사용하는 것이 원칙이다.

엑스트라 버진 올리브유란?

엑스트라 버진 올리브유는 생 올리브 열매를 화학 처리 없이 그대로 압착해 얻은 가장 순도 높은 오일이다. 산도는 0.8% 이하로 유지되어야 하며, 맛과 향에 아무런 결함이 없어야만 '엑스트라 버진'이라는 명칭을 사용할 수 있다. 신선한 오일에서는 풀잎, 과일, 견과류 등을 연상시키는 복합적인 아로마가 느껴지며, 목 넘김에는 살짝 매콤함과 건강한 쌉싸름함이 뒤따른다. 단순한 조리용 오일을 넘어, 올레인산, 폴리페놀, 비타민 E 등 우리 몸에 유익한 성분이 풍부하게 들어 있어 기능성 식품으로도 높이 평가받고 있다. 이처럼 풍미와 건강을 동시에 만족시키는 올리브는 스페인 식문화의 중심에 있으며, 매일의 식탁에서 빠질 수 없는 존재이기도 하다.

저자가 직접 수확부터 참여하는 유기농 올리브유 '베오베오(VEOVEO)'. 갓 짜낸 신선한 오일은 기름이라기보다 '올리브주스'에 가깝다

셰리와인식초 Vinagre de Jerez

- 스페인 남부 안달루시아 지방, 헤레스(Jerez) 지역에서 생산되는 셰리와인을 발효, 숙성시켜 만드는 고급 식초이다.
- 헤레스 지역은 따뜻한 기후와 '알바리사'라는 석회질 토양, 지역 고유의 포도 품종(팔로미노 등)을 바탕으로 세계적으로 명성 높은 셰리와인을 생산해 왔으며, 셰리와인식초는 이 와인의 풍미를 그대로 이어받는데, 특히 오랜 시간에 걸쳐 와인을 소량씩 혼합, 숙성하는 전통적인 '솔레라 시스템(Solera system)' 방식으로 발효되며, 이 과정에서 산미와 복합미의 균형 잡힌 깊은 풍미가 형성된다.
- 오크통 숙성 덕분에 식초 특유의 날카로운 산맛이 부드러워지고, 견과류, 캐러멜, 건포도, 오크 등과 같은 섬세하고 고급스러운 풍미가 더해진다.
- 셰리와인식초는 단순한 산미 이상의 풍미로 샐러드 드레싱, 가스파초(108쪽)나 살모레호(114쪽) 같은 생식용, 볶음이나 스튜, 마리네이드 등 가열 조리와 디저트까지도 폭넓게 사용된다.
- 이탈리아의 발사믹식초가 농밀하고 단맛이 강한 데 비해, 셰리와인식초는 좀 더 산뜻하면서도 깊이 있는 맛이 특징이며, 최근에는 스페인과 유럽을 넘어 전 세계 요리사들에게 큰 주목을 받고 있다.

토마토 Tomate

- 유럽에 처음 토마토를 들여온 스페인. 스페인 토마토는 그 품종의 다양성과 강렬한 풍미, 기후 덕분에 유럽에서도 특히 고급 식재료로 인정받고 있다.
- 지중해성 기후와 풍부한 일조량은 토마토의 당도와 풍미를 높이는 최적의 환경이다.
- 스페인의 토마토는 일반적으로 우리나라에서 재배되는 토마토보다 더 진한 맛과 향을 가지고 있다.
- 스페인의 마트에 방문하면 언제나 4~5가지 이상의 토마토 품종이 기본으로 깔려 있으며, 용도에 맞게 골라서 사용하는데, 생식용으로는 라프(Raf), 로사(Rosa)처럼 부드럽고 당도가 있는 토마토를 선호하며, 조리용으로는 페라(Pera)처럼 과육이 많고 탄력 있는 육질의 품종이 잘 어울린다. 보존성이 우수하며 저장 중에 당도와 풍미가 진해지는 펜하르(Penjar)는 판 콘 토마테(52쪽)의 핵심 재료로 사용된다.

홍피망(빨간파프리카) Pimiento rojo

- 스페인 사람들이 가장 즐겨 먹는 채소 중 하나로, 일상 식탁에서 빠지지 않는다. 우리나라에서는 빨간파프리카로 대체 가능하다.
- 생으로도 아삭하고 달콤한 맛을 즐길 수 있지만, 특히 구운 후 껍질을 벗긴 '피미엔토 아사도(Pimiento asado)' 형태로 자주 활용한다. 이렇게 구운 홍피망은 특유의 부드러운 식감과 깊은 단맛, 약간의 스모키함이 어우러져 다양한 요리에 감칠맛을 더한다.
- 요리의 색감, 단맛, 식감을 모두 풍부하게 만들어 준다. 일반적으로 스페인산 홍피망은 껍질이 얇고 과육이 부드러우며 단맛이 강한 편이지만, 식물학적으로는 우리나라에서 흔히 볼 수 있는 파프리카나 피망과 동일한 종에 속한다. 따라서 피망과 파프리카를 구분 없이 사용해도 무방하며, 적절한 단맛과 질감을 가진 것을 선택하면 된다.

마늘 Ajo

- 유럽을 여행한 이들에게 스페인 음식이 가장 입에 맞았다는 후기를 자주 들을 수 있는데, 이는 스페인 요리에 마늘이 거의 빠지지 않고 쓰이기 때문이다.
- 절대적인 사용량에서는 우리나라 음식과 비교하기 어려울 수 있지만, 예를 들어 가스파초(108쪽)나 살모레호(114쪽)처럼 마늘 한 쪽이 들어가느냐 마느냐에 따라 맛의 깊이와 풍미에서 확연한 차이를 느낄 수 있다.

콩 Legumbres

- 스페인 사람들의 건강하고 든든한 식사를 구성하는 데 빠질 수 없는 핵심 식재료.
- 전통적인 스튜 요리부터 가볍게 즐기는 차가운 타파스까지, 다양한 방식으로 일상 식탁에 오르며 오랜 세월 사랑받아 왔다.
- 병아리콩(Garbanzos), 렌틸콩(Lentejas), 강낭콩(Alubias), 줄기콩(Judías verdes), 완두콩(Guisantes) 등 다양한 콩류가 사계절 내내 활용되며, 요리의 형태와 계절에 따라 선택한다.
  - 특히 지역적 특색이 뚜렷한 품종들도 존재하는데, 예를 들어 카탈루냐 해안 지역의 마레스메 완두콩(Pèsol del Maresme)이나, 발렌시아 전통 빠에야에 넣는 흰 납작콩(Garrofón)은 독특한 풍미로 미식가들의 사랑을 받는 고급 식재료이다.

피멘톤 Pimentón

- 우리나라에서는 '훈제 파프리카가루'로 알려져 있다.
- 스페인에서 가장 널리 사용되는 향신료이다. 특유의 훈연 향과 단맛, 쌉싸름함, 선명한 색감 덕분에 스페인 요리의 맛과 향을 좌우하는 핵심 재료로 꼽힌다. 일반적으로 단맛(Dulce)과 매운맛(Picante) 두 가지 종류가 주로 사용되고 있다.
- 라 베라(La Vera) 지역은 피멘톤의 대표적인 산지로, DOP(원산지 보호 표시)를 받은 고급 제품을 생산하고 있다. 이 지역에서는 고추를 참나무로 훈연해 말린 후 곱게 갈아 피멘톤을 만드는데, 깊고 진한 스모키 향이 특징이다.
- 초리소 소시지의 붉은 색을 담당하며 갈리시아식 뽈뽀(72쪽), 빠에야 (90, 94쪽)를 비롯해 각종 스튜와 마리네이드 등 다양한 요리에 널리 활용된다.

파슬리 Perejil

- 스페인 가정식이나 전통 레시피에서 가장 널리 사용하는 허브이다.
- 이웃나라 포르투갈에서 고수를 즐겨 쓰는 것과는 대조적. 스페인의 파슬리는 우리나라에서는 보통 '이탈리안 파슬리'로 알려진 잎이 평평한 종류(Flat-leaf parsley)이다. 열에 비교적 강한 허브여서 감바스 알 아히요(146쪽)나 바지락 술찜(158쪽)처럼 조리 중간에 넣기도 한다.
- 완성된 요리 위에 신선한 향과 색감을 더하는 장식용으로도 자주 쓰인다.
- 스페인 요리에서 기본이 되는 양념 조합 중 하나가 바로 '마늘 + 파슬리 + 올리브유(+레몬즙)'이다. 이 조합은 해산물, 육류, 버섯 등 거의 모든 재료에 잘 어울리는 만능 양념장으로, 소스나 마리네이드로도 다양하게 활용된다.

견과류 Frutos secos

- 지중해성 기후 덕분에 아몬드, 헤이즐넛, 잣, 호두 등 다양한 견과류가 잘 자란다.
- 간식으로 즐기기도 하지만, 스페인 요리에서는 재료 그 자체로 적극 활용된다. 즉 단순한 부재료가 아닌, 스페인 요리의 풍미와 영양을 책임지는 중요한 식재료.
- 아몬드를 곱게 갈아 만든 여름 수프 아호 블랑코 (Ajoblanco), 헤이즐넛과 마늘 등을 함께 갈아 만든 로메스코소스(42쪽), 잣과 건포도를 넣은 시금치 볶음 등 소스의 베이스나 식감의 포인트로 다양하게 쓰인다.
- 전통 디저트에서도 빠지지 않는데, 크리스마스 디저트 투론(Turrón)이나 산티아고 순례자의 상징이 담긴 산티아고 케이크(286쪽)처럼 대표적인 과자와 케이크에도 아낌없이 활용된다.

빵 Pan

- 스페인 사람들의 주식이자 식문화의 핵심인 빵. 거의 모든 식사에 곁들여지며, 우리나라에서 밥이 차지하는 역할을 스페인에서는 빵이 대신한다.
- 종류만 해도 수백 가지가 넘으며, 지역마다 사용하는 밀가루, 발효 방식, 굽는 방법, 모양과 크기, 심지어 부르는 이름까지 제각각이다.
- 지역을 대표하는 빵으로는 안달루시아의 모예테 데 안테케라 (Mollete de Antequera), 카탈루냐의 판 데 파예스(Pan de payés), 갈리시아의 판 가예고(Pan Gallego) 등이 있으며, 그 지방의 기후와 식문화에 맞게 발전해 왔다. 대부분 1유로 (한화 약 1,500원) 미만으로 저렴하면서도 품질이 뛰어나 동네의 작은 빵집부터 슈퍼마켓, 시장까지 어디에서나 쉽게 구할 수 있다.
- 아침 식사로는 빵을 가볍게 구워 토마토, 햄, 올리브유 등을 얹어 먹는 것이 일반적이며, 점심이나 저녁 식사에는 고기나 생선 요리의 소스를 찍어 먹는 반찬 겸 곁들임 역할을 한다.
- 딱딱해진 빵은 버리지 않고 다른 요리 재료로 재활용하는데, 미트볼과 갑오징어 스튜(196쪽), 시금치 병아리콩 스튜(248쪽)처럼 빵을 갈아 수프나 소스의 농도를 조절하거나, 프렌치 토스트(278쪽)와 같은 디저트로도 재탄생한다.

Chef's Note

스페인의 전통과 지역 정체성을 담은 '먹는 문화유산', 햄과 소시지

하몬 Jamón

- 스페인의 식문화를 상징하는 대표적인 아이콘으로, 돼지의 뒷다리를 소금에 절인 후 장기간 자연 건조, 숙성시켜 만든 전통 생햄이다.
- 돼지로 만든 하몬 세라노(Jamón Serrano)와 이베리코 흑돼지로 만든 하몬 이베리코(Jamón Ibérico)로 구분한다.
- 숙성 방식이나 사육 환경에 따라 품질과 맛이 다양하게 나뉘며, 도토리를 먹여 방목한 베요타 등급을 최고로 여긴다.

이밖에 책에서 사용한 주요 허브 및 향신료

사프란 Azafrán

- 세계에서 가장 비싼 향신료로, 라만차 지역 사프란이 최고급 품질로 인정받고 있다.
- 발렌시아식 전통 빠에야에 반드시 들어가는 재료로, 소량만으로도 고유의 섬세한 향과 황금빛 색상을 낸다.
- 빠에야에는 물이나 육수를 조금 넣고 우려낸 빠에야물을 사용한다(87쪽 참고).

큐민 Comino

- 은은한 깊이감과 이국적인 분위기를 더해주는 향신료로, 스페인 남부 안달루시아 지역의 전통 요리에서 자주 사용한다.
- 모로코, 인도, 멕시코 등 큐민을 강하게 쓰는 문화권과 비교하면, 스페인에서는 보다 부드럽고 은은하게 사용하는 것이 특징이다.

뇨라고추 Ñora

- 스페인 동부 무르시아와 발렌시아 지역에서 널리 사용되는 작고 둥근 형태의 고추로, 주로 건조된 것을 물에 불려 속살만 긁어 사용한다.
- 맵지 않고 단맛이 있으며, 깊은 감칠맛과 진한 색감을 요리에 더한다. 주로 빠에야, 해물 수프, 해물밥 등 국물이나 소스가 있는 '숟가락 요리'에 사용한다.

스페인에서 육가공품은 오랜 전통과 지역의 정체성이 녹아 있는 음식 문화의 중요한 축이다.
각 지역의 기후와 풍토, 돼지고기 소비 문화, 향신료 사용의 역사를 고스란히 담고 있는
'먹는 문화유산'이라 할 수 있다. 오늘날에도 타파스 바에서, 마을 축제에서, 혹은 가정의 매일의
식사에까지 스페인 사람들의 중요한 식문화로 큰 사랑을 받고 있다.

초리소 Chorizo

- 피멘톤과 마늘로 양념해 만든 스페인의 국가대표 소시지이다.
- 사용한 피멘톤의 종류에 따라 매콤하거나 달콤한 맛으로 나뉜다. 지방 함량과 숙성 방식에 따라 풍미가 다르며, 초리소의 풍부한 향과 기름진 맛은 전 세계적인 사랑을 받고 있다.
- 얇게 썰어 그대로 먹거나 구이, 찜, 스튜 등 다양한 요리에 사용한다.

살치촌 Salchichón

- 통후추와 향신료로 양념한 스페인식 숙성 소시지로, '스페니시 살라미'라고도 불린다.
- 피멘톤을 넣지 않아 초리소보다 깔끔하고 순한 맛이 나며, 풍미 있는 지방과 고깃결이 어우러진다.
- 얇게 썰어 타파스, 샤퀴테리 보드, 샌드위치 등에 활용한다.

모르시야 Morcilla

- 돼지 피를 넣어 만든 소시지로 스페인식 순대이다.
- 지역에 따라 쌀, 양파, 견과류 등을 섞어 각기 다른 풍미를 낸다. 특히 부르고스(Burgos) 지방의 모르시야는 쌀이 들어간 고소한 맛으로 유명하다.
- 보통은 순대처럼 썰어 팬에 구워 먹거나 전통 스튜 요리에 다양하게 활용한다.

오레가노 Orégano

- 스페인에서 손쉽게 접할 수 있는 대표적인 허브로, 토마토소스나 육류 요리와 특히 잘 어울리는 향신료이다.
- 생잎보다는 향이 응축된 건조 오레가노를 더 많이 사용하며, 마리네이드에도 자주 쓰이는데, 마늘, 피멘톤, 식초와 함께 조합하는 방식이 대중적이다.

월계수잎 Laurel

- 스튜나 국물 요리에 은은한 향과 풍미를 더한다.
- 특히 육수를 내는 필수 재료이며, 1~2장만 사용해도 충분하다. 일부 레시피에서는 월계수잎을 기름에 먼저 볶아 향을 내기도 하며 피멘톤 등과 함께 믹서나 핸드블렌더에 갈아서 마리네이드의 베이스로 사용하기도 한다.

시나몬 Canela

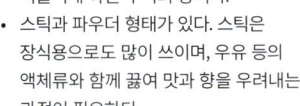

- 주로 디저트에 사용하는데, 스페인 사람들에게 시나몬 향은 할머니의 부엌, 따뜻한 오후의 간식을 떠올리게 하는 추억의 향이다.
- 스틱과 파우더 형태가 있다. 스틱은 장식용으로도 많이 쓰이며, 우유 등의 액체류와 함께 끓여 맛과 향을 우려내는 과정이 필요하다.

본격적으로 스페인 요리를 배워볼까요?

가장 많이 사용되는 기본 육수와 소스 9가지

1. 닭육수
다양한 요리 베이스로 사용하며
깊고 풍부한 맛을 더하는 육수

2. 해물육수
갑각류를 볶아 우려낸 향과 맛이
일품인 진한 맛의 육수

3. 알리올리
스페인의 국민 소스라 불리는
마늘과 오일 조합의 소스

4. 토마테 프리토
스페인 가정식의 가장 기본이 되는,
넉넉하게 만들어 활용하는 소스

5. 로메스코소스
칼솟과의 꿀조합으로 유명한
스페인식 만능 쌈장

6. 살모레타
빠에야 등 스페인식 쌀 요리에
풍미를 더하는 소스

7. 브라바소스
피멘톤의 스모키함이 매력적인
스페인의 대표 핫소스

8. 모호 피콘
삶은 알감자와 찰떡궁합인
매콤 소스

9. 모호 베르데
본토와 또 다른 느낌의
이색적인 그린 소스

Caldo de Pollo

모든 요리에 활용 가능한
닭육수

파스타, 수프, 찌개, 찜 등 다양한 요리에 베이스로 사용되며, 깊고 풍부한 맛을 더합니다. 번거롭더라도 직접 만든 닭육수를 팩에 담아 냉동실에 채워 넣을 때의 든든함이란! 채소는 굳이 새로 살 필요 없이 냉장고 속 자투리 채소를 활용하세요.

Caldo de Marisco

깊은 맛을 더하는
해물육수

해물육수에도 다양한 버전이 있지만, 여기서는 빠에야 등의 스페인식 쌀 요리와 국물 요리에 많이 사용하는 '푸멧(Fumet) 스타일'을 소개합니다. 갑각류를 볶아 우려낸 향미와 감칠맛이 일품이며, 담백하고 순한 맛의 생선육수와 비교할 때 강렬한 풍미가 인상적입니다.

레시피 36쪽

레시피 37쪽

시판 스톡을 활용하려면?

닭육수와 해물육수는 물 1과 1/2컵(300㎖)당 시판 코인육수 1개의 비율로 대체 가능하다. 닭육수의 경우 물 2컵(400㎖)당 고체형 치킨스톡 1개, 가루형(또는 액상형) 치킨스톡 1큰술의 비율로 사용한다. 시판 제품은 자체의 염도가 있으므로 맛을 보며 소금 양을 조절해야 한다.

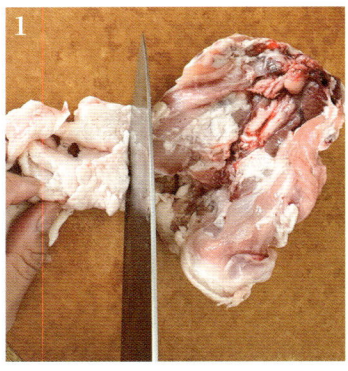

닭육수

| 완성 분량 약 12컵(2.4ℓ)
| 냉장 보관 4~5일, 냉동 보관 2~3개월

닭뼈 2kg / 물 15컵(3ℓ)
향신 재료 양파 2개 / 대파 흰 부분 2대 / 마늘 5쪽
당근 1개 / 셀러리 1대 / 통후추 15개 / 월계수잎 2장
자투리 채소(생략 가능) 양송이, 양배추, 무 등 약간
허브(생략 가능) 타임, 파슬리줄기 등 약간

1   양파, 당근은 껍질째 씻는다. 나머지 채소는 큼직한 덩어리로 썬다. 닭뼈의 꼬리, 목 주변의 지방을 제거한다.
····   대파 뿌리를 깨끗하게 씻어 넣어도 좋다.

2   냄비에 닭뼈, 닭뼈가 잠길 정도의 물을 넣고 센 불에 올려 끓어오르면 체에 밭치고 닭뼈를 물에 헹군다.
····   한 번 끓이면 불순물과 기름이 일부 제거되어 육수를 끓이는 과정에서는 거품 등 불순물이 잘 생기지 않는다. 싱싱한 닭이라면 이 과정은 생략 가능하다.

3   다시 냄비에 닭뼈, 나머지 재료, 물(15컵)을 넣은 후 센 불에서 끓인다.
····   파슬리줄기나 타임 등의 허브를 넣는다면 1시간 정도 끓인 후 건져낸다.

4   끓어오르면 약한 불로 낮추고 뚜껑을 비스듬히 덮고 1시간 30분~2시간 정도 뭉근히 끓인 후 육수의 맛을 확인한다. 중간중간 불순물을 제거한다.
····   간을 봤을 때 목 넘김에서 젤라틴의 살짝 걸쭉한 느낌이 들어야 닭육수를 제대로 끓인 것이다.

5   체에 거른 후 완전히 식히고 랩을 씌워 냉장실에 넣는다.

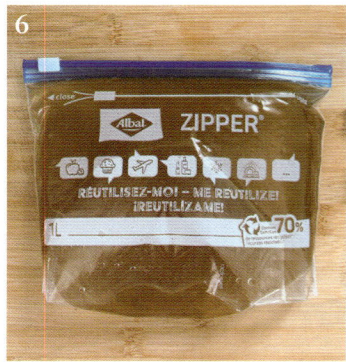

6   윗면에 뜬 기름을 제거하고 소분해 냉동한다.
····   완성된 육수를 냄비에 넣고 계속 졸이면 맛은 진해지고 냉동 보관 시 부피는 줄어든다. 만약 육수를 반으로 졸였다면 나중에 졸아든 만큼 물을 더해 사용한다.

해물육수

| 완성 분량 약 13컵(2.6ℓ)
| 냉장 보관 4~5일, 냉동 보관 2~3개월

새우 머리 300g / 갯가재 300g(또는 새우 머리)
생선 머리와 뼈 1kg / 올리브유 약간 / 물 15컵(3ℓ)
향신 재료 양파 1개 / 대파 흰 부분 1대 / 마늘 5쪽
당근 1개 / 무 200g / 토마토 2개

1. 모든 채소는 손가락 두 마디 정도의 크기로 썬다.
   물은 뜨겁게 데운다.

2. 예열한 냄비에 바닥을 덮을 정도의 올리브유를
   충분히 두르고 중강 불~센 불에서 토마토를 제외한
   향신 재료를 모두 넣고 색이 충분히 나도록
   약 10분간 볶는다.

3. 새우 머리, 갯가재를 넣고 살짝 볶다가 색이 나기
   시작하면 약한 불로 낮추고 주걱으로 갑각류 머리를
   짓누른다.
   ⋯ 머리 내장을 충분히 뽑아내야 갑각류의 감칠맛을 낼 수 있다.
   ⋯ 냉동 새우를 구입하면 머리만 가위로 잘라서 따로
   모아두는데, 육수 등에 머리만 필요할 때 바로 활용하기 좋다.

4. 중강 불로 올리고 토마토를 넣은 후 충분히 뭉개지고
   수분감이 어느 정도 날아갈 정도까지 끓인다.
   이때 눌어붙은 냄비 바닥을 토마토의 수분으로 불려
   잘 긁으면서 조리한다.

5. 생선 머리와 뼈, 마늘, 뜨거운 물을 넣고
   센 불에서 끓어오르면 약한 불로 낮춘 후 뚜껑을
   비스듬히 덮고 약 30분간 뭉근히 끓인다.
   초반에 거품을 제거한다.
   ⋯ 뭉근히 끓이면서 생선 뼈의 잔여 피, 지느러미와 눈알,
   아가미 등을 잘 제거해야 조금 더 깔끔한 육수가 완성된다.

6. 체에 거른 후 완전히 식히고 소분해 냉동한다.
   ⋯ 번거롭거나 시간이 부족하다면 냄비에 생선 머리와 뼈,
   자투리 채소, 마늘, 물을 넣고 초반에 거품을 제거하면서
   30~40분 정도만 끓여 사용해도 된다.

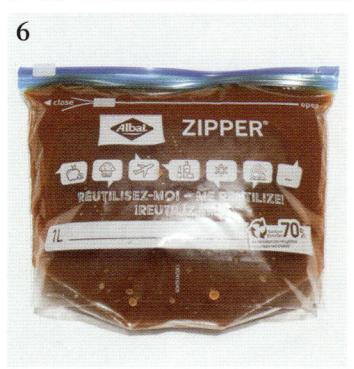

Alioli
스페인의 국민 소스, **알리올리**

알리올리는 마늘을 뜻하는 카탈루냐어 '알(All)'과 기름(올리브유)의 '올리(Oli)'를 조합한 단어로, 전통적으로는 마늘, 오일, 소금 세 가지 재료를 절구통에서 천천히 유화시켜 만들었지요. 요즘에는 달걀, 레몬즙 등을 추가하여 맛과 질감이 한층 부드러워졌습니다. 스페인의 국민 소스라 불러도 손색이 없을 정도로 튀김, 감자, 생선, 빠에야 등 다양한 요리에 곁들여집니다.

| 완성 분량 약 1과 1/4컵(250㎖)
| 밀폐용기에 넣어 냉장 보관 3~4일

신선한 달걀 1개(액상 달걀 60g) / 마늘 2쪽
식용유 3/4컵(155㎖) / 레몬즙 1큰술(12㎖) / 물 2큰술
설탕 2작은술 / 소금 1/2작은술

1   달걀은 실온에 미리 꺼내둔다. 마늘은 편으로 썰어 가운데 심지를 제거한다.
⋯⋯ 마늘의 심지를 제거하면 조금 더 부드러운 맛의 마요네즈를 만들 수 있다.
⋯⋯ 마늘은 오븐이나 팬에 구워 사용하면 풍미가 더 좋다.

2   깊이 있는 용기에 모든 재료를 넣고 핸드블렌더를 수직으로 세워 바닥에 완전히 밀착한 후 가장 센 단계로 약 5초 정도 섞는다.

3   아래쪽이 잘 섞이면 핸드블렌더를 위아래로 천천히 움직이면서 전체적으로 마요네즈 질감이 될 때까지 섞는다. 맛을 보고 소금을 추가한다. 단, 재료는 처음에 한꺼번에 넣어야 더 잘 섞인다.
⋯⋯ 식용유를 추가하면 좀 더 되직한 질감을, 레몬즙과 물을 추가하면 묽은 질감의 소스를 만들 수 있다.
⋯⋯ 날달걀 사용이 불안하거나 담백한 버전을 원한다면 우유와 달걀을 1:2의 비율로 사용하고, 여기에 마늘, 디종 머스터드, 설탕, 레몬즙(또는 식초) 등의 재료를 넣고 동일한 방법으로 만든다.
⋯⋯ 디종 머스터드, 피멘톤, 스리라차소스, 간장, 미소된장, 고추냉이, 앤초비, 아보카도 등의 맛을 추가해 다양한 맛을 낼 수 있다. 화학조미료(미원)를 넣으면 시판용의 감칠맛을 낼 수 있다.

활용하기

- 다양한 튀김 요리, 샌드위치, 생선이나 고기, 삶은 감자, 빠에야, 불닭볶음면 등에 곁들이면 잘 어울린다.
- 흰살 생선구이에 알리올리를 펴 올린 후 토치로 그을리면 또 다른 풍미를 즐길 수 있다.

Tomate Frito
다양한 요리의 베이스로 활용하는 **토마테 프리토**

토마테 프리토는 '튀긴 토마토'란 뜻으로, 토마토, 양파, 마늘을 올리브유에 조리한 스페인 가정식의
가장 기본 베이스입니다. 전국의 모든 마트에서 팩으로 포장한 제품을 판매할 정도로 일상에서도 친숙합니다.
스페인의 가정에서는 한 번에 넉넉히 만들어 놓고 다양하게 활용하지요.

| 완성 분량 약 2와 1/2컵(500㎖)
| 밀폐용기에 넣어 냉장 보관 4~5일, 냉동 보관 2~3개월

토마토 1kg(또는 토마토홀 통조림)
양파 1개 / 마늘 4쪽 / 설탕 1큰술 / 소금 약간
후춧가루 약간 / 건오레가노 약간(생략 가능)
올리브유 4큰술 + 2큰술

1   토마토는 적당한 크기로 썰고 양파, 마늘은 다진다.

2   예열된 팬이나 냄비에 올리브유(4큰술)를 두르고
    중간 불에서 마늘을 넣어 색과 향이 날 때까지
    볶는다.

3   양파를 넣고 투명해질 때까지 볶은 후 토마토,
    건오레가노, 소금, 설탕을 넣고 중강 불~센 불에서
    토마토가 뭉개질 정도까지 끓인다.

4   뚜껑을 덮고 중약 불로 낮춰 가끔씩 주걱으로
    잘 섞으면서 약 40~50분간 끓인 후 한 김 식힌다.
···· 가정에서는 이 과정까지 만들어 다른 요리에 활용하기도
      한다.

5   핸드블렌더 또는 믹서로 갈고 팬에 옮긴 후
    설탕, 소금, 후춧가루, 올리브유(2큰술)를 넣고
    매끈한 소스의 질감이 나올 때까지 중약 불에서
    수분을 날리면서 볶는다.
···· 믹서에 간 후 체에 내리면 더 깔끔한 맛의 소스를
      만들 수 있다.
···· 토마토의 신맛에 따라 설탕의 양을 가감한다.

활용하기
빠에야와 같은 쌀 요리, 스튜는 물론 어떤 요리와도 잘 어울린다.
특히 생토마토를 갈아 넣는 레시피에 추가하면 더 깊은
맛을 낼 수 있다.

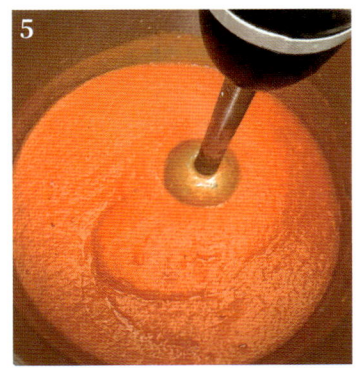

Salsa Romesco
스페인식 만능 쌈장, **로메스코소스**

로메스코소스는 겨울 바르셀로나 여행 시 접하게 되는 칼솟(Calçot, 양파의 한 품종으로 지리산의 강호현 농부가 '함양파'라는 이름으로 봄에 수확하면서 한국에서도 맛볼 수 있게 되었다)과의 꿀조합으로 잘 알려져 있습니다. 바르셀로나 유학 시절에 처음 접한 뒤로 개인적으로 가장 많이 만들어 먹는 우리 가족 최애 소스이지요.
토마토, 파프리카 등 구운 채소의 깊은 풍미, 은은한 단맛에 견과류의 고소함이 더해져 대체 불가능한 만능소스로 사랑받고 있습니다. 채소, 생선, 해산물 등 모든 음식에 조합해보세요.

오븐 없을 때 재료 익히기

- **파프리카**는 가스레인지 직화나 토치로 굽는다(122쪽 참고).
- **토마토**는 꼭지부분에 십자 모양을 내고 끓는 물에 살짝 데쳐 껍질을 벗긴 후, 올리브유를 두른 팬에서 뭉근히 조리한다(122쪽 참고).
- **마늘**은 충분한 양의 오일을 사용해 프라이팬에서 색이 나도록 굽는다. 두꺼운 마늘은 편 썰어 조리한다.

활용하기

- 빵에 발라먹거나 오이, 당근, 셀러리 등 채소 스틱의 디핑소스, 캠핑에서의 바베큐나 스테이크소스, 대파, 칼솟, 양파, 피망, 콜리플라워, 브로콜리 등 각종 채소구이의 소스, 간장을 살짝 섞어 생선회를 찍어먹는 막장으로 활용해도 좋다.
- 아보카도, 루꼴라, 파마산치즈, 버섯볶음, 통감자구이와도 만능 조합이다.
- 물이나 육수, 화이트와인을 조금 섞어 묽은 느낌의 소스로도 변형 가능하다.
- 샴페인 또는 까바와인(Cava, 스페인의 스파클링와인)과 매칭하는 것도 추천한다.

| 완성 분량 약 1과 3/4컵(350㎖)
| 밀폐용기에 넣어 냉장 보관 4~5일

빨간파프리카 1개 / 토마토 2개 / 마늘 1통
바게트 슬라이스 2장(또는 식빵 1장)
아몬드 2큰술(30g) / 헤이즐넛 2큰술(30g, 또는 아몬드)
셰리와인식초 1큰술(또는 화이트와인식초)
소금 2작은술 / 설탕 1~2작은술(생략 가능)
올리브유 약간

※ 과정 사진은 2배수로 조리한 것입니다.

1   오븐은 200℃로 예열한다. 파프리카, 토마토는 씻어
    물기를 제거한 후 올리브유를 뿌려 골고루 바른다.
    마늘은 껍질을 벗기지 않고 통으로 준비한다.

2   예열한 오븐에 파프리카, 토마토, 통마늘을 굽는다.
    마늘은 약 30분 후 꺼내고, 토마토와 파프리카는
    약 45분 후 꺼낸다. 파프리카는 중간에 한 번 뒤집고,
    마늘은 젓가락으로 찔러 쉽게 들어가면 꺼낸다.
    ···· 채소를 굽고 난 후 오븐 트레이에 남은 국물, 토마토와
         파프리카를 손질하면서 나오는 국물은 따로 모아둔다.

3   파프리카는 볼에 담아 랩을 씌우거나 밀폐용기에
    약 20~30분 정도 두었다가 키친타월로 문지르면서
    흐물흐물해진 검은색 겉껍질을 벗긴다.
    ···· 물로 씻으면 맛과 향이 날아가므로, 물은 마지막에 살짝
         헹구는 정도로만 사용하거나 가급적 사용하지 않는다.

4   팬에 올리브유를 넉넉히 두른 후 바게트, 아몬드,
    헤이즐넛을 넣고 중약 불~중간 불에서 바게트는
    양면이 바삭해질 때까지, 견과류는 약 2분 정도 구워
    색이 나면 바로 꺼낸다.
    ···· 견과류는 쉽게 타니 주의하고 사용한 오일도 모아둔다.

5   통마늘은 겉껍질을 살짝 벗긴 후 밑면 약 1cm
    정도를 칼로 썰고 꾹 눌러 퓌레를 짜낸다.

6   핸드블렌더 또는 믹서에 ②의 채소즙,
    ④의 오일 등 모든 재료를 넣고 간다. 농도와 간을
    보고 올리브유나 소금을 추가한다.
    ···· 견과류가 들어가는 소스이므로 곱게 갈아 사용한다.

Salmorreta
스페인식 쌀 요리에 풍미를 더해주는 **살모레타**

스페인 동부 지중해 발렌시아, 알리칸테 지역에서는 바다에서 나는 신선한 해산물을 활용한 전통 요리가 많은데요, 살모레타는 이러한 요리들에서 핵심적인 역할을 해왔답니다. 해산물 빠에야를 비롯한 각종 쌀 요리는 물론, 다양한 국물 요리에도 활용 가능합니다. 저는 집에서 찜닭, 갈비찜, 수육 등 다양한 고기 요리에도 양념으로 즐겨 사용하고 있습니다.

| 완성 분량 약 2와 1/2컵(500㎖)
| 밀폐용기에 넣어 냉장 보관 4~5일, 냉동 보관 2~3개월

토마토 800g(또는 토마토홀 통조림)
마늘 8쪽 / 파슬리잎 20g
올리브유 1/4컵(60㎖) / 뇨라 페이스트 2/5컵(80㎖)
소금 2와 1/2작은술

1　토마토는 적당한 크기로 썰고, 마늘은 두껍게
　　편 썬다. 파슬리잎은 찬물에 담갔다가 건져
　　물기를 제거한다.

2　예열한 팬에 올리브유, 마늘을 넣고 중간 불에서
　　색이 충분히 날 때까지 볶는다.

3　약한 불로 줄이고 뇨라 페이스트를 넣은 후
　　기름에 장을 볶는 느낌으로 타지 않도록 30초~1분,
　　파슬리잎을 넣고 30초~1분간 볶는다.
····　뇨라 페이스트는 뇨라고추(스페인 동부 해안 지방에서
　　생산되는 작고 둥근 모양의 고추, 32쪽 참고)를 물에 불려
　　살만 발라낸 것으로, 온라인에서 구매하거나 국산 건고추
　　(40~50g)의 씨를 제거하고 미지근한 물에 불린 후
　　뇨라 페이스트 대신 넣어 볶는다.

4　토마토, 소금을 넣고 센 불로 올려 끓어오르면
　　중약 불~중간 불로 낮추고 30~40분간 끓이면서
　　수분을 충분히 날린다. 중간중간 바닥을 주걱으로
　　잘 저어준다.

5　수분이 충분히 날아가고 퓌레 질감이 되면 한 김
　　식힌 후 핸드블렌더나 믹서로 곱게 간다.

6　체에 거른 후 용기에 소분한다.
····　냉동 보관 시 얼음 트레이를 활용하면 좋다.

활용하기
살모레타는 현지에서 해산물 빠에야에 절대 빠지지 않는 재료 중
하나이다. 보통 쌀 요리를 만들 때 쌀 1인분(90~110g)에 살모레타
약 1~1과 1/2큰술의 비율로 사용한다.

Salsa Brava
스페인 핫소스의 클래식, **브라바소스**

브라바소스는 스페인에서 가장 맵기로 유명해 '강렬한(Brava)'이라는 이름이 붙었습니다. 그 기원은 마드리드의 몇몇 타파스 바에서 감자튀김에 매콤한 소스를 올려주면서 시작되었는데요, 이것이 전국에서 가장 유명한 타파스인 '파타타스 브라바스(Patatas Bravas)'의 유래가 됩니다. 피멘톤이 주는 스모키함이 특히 매력적이지요. 오늘날에는 가게마다 저마다의 레시피가 있을 만큼 스페인에서 가장 다양한 변주가 나타나는 소스입니다. 이 책에서는 오리지널의 느낌에 가까우면서도 쉽게 만들 수 있는 저만의 레시피를 소개합니다.

활용하기

'브라바=감자튀김소스'라는 불변의 공식이 있지만, 다른 튀김 요리나 고기, 샐러드 드레싱으로도 훌륭하다. 스페인식 순대인 **모르시야를 넣은 스크램블 에그**를 소개한다.

모르시야 150g(또는 초리소), 대파 흰 부분 1대, 마늘 1쪽, 달걀 3개, 식용유 2큰술, 소금 약간, 브라바소스 약간

① 모르시야(소시지)는 겉껍질을 벗기고 작게 다진다. 대파, 마늘은 다진다. 볼에 달걀을 푼다.
② 예열한 팬에 식용유를 두르고 중간 불에서 파를 넣어 볶아 파기름을 낸 후 모르시야를 넣고 주걱으로 누르면서 볶는다.
④ 달걀물을 넣고 소금 간을 한 후 젓가락으로 잘 섞는다.
⑤ 달걀이 완전히 익기 전에 불을 끄고 잔열로 마저 익힌다. 데운 브라바소스를 곁들인다.

| 완성 분량 약 1과 1/4컵(250㎖)
| 밀폐용기에 넣어 냉장 보관 4~5일

채소 토마토 1/2개(100g), 양파 1/2개 / 마늘 2쪽
페페론치노 2개(또는 베트남 건고추, 취향에 따라 가감)
양념과 육수 육수 3/4컵(150㎖, 35쪽) / 밀가루 1/2큰술
피멘톤 1과 1/2작은술 / 월계수잎 1장
핫소스 1~2작은술(타바스코, 스리라차 등)
셰리와인식초 1/2큰술(또는 화이트와인식초)
설탕 1작은술 / 소금 약간 / 후춧가루 약간
올리브유 2~3큰술(또는 식용유)

1 양파, 마늘은 잘게 썰고, 토마토는 반을 갈라 강판에 간다. 육수는 뜨겁게 데운다.

2 작은 팬을 예열해 올리브유를 두르고 중간 불에서 마늘을 넣어 색이 날 때까지 볶는다.

3 양파를 넣고 투명해질 때까지 볶으면서 페페론치노, 소금을 넣는다.

4 약한 불로 낮춘 후 밀가루를 넣고 약 2분, 피멘톤을 넣고 약 30초간 볶는다.
…. 피멘톤은 약한 불에서 타지 않도록 주의하면서 볶는다.

5 토마토, 설탕을 넣고 중간 불로 올려 5분 정도 수분을 날리면서 볶은 후 뜨거운 육수를 넣는다.
…. 육수를 데워 넣으면 조리 온도가 일정하게 유지되면서 재료와 육수가 빠르게 섞이고 풍미가 한층 좋아진다.

6 월계수잎, 핫소스, 식초, 소금, 후춧가루를 넣고 끓어오르면 중간중간 바닥이 눌어붙지 않게 잘 저으면서 약 10분간 졸인다. 마지막으로 소금 간을 한다.

7 한 김 식힌 후 핸드블렌더나 믹서로 간다.
…. 갈기 전에 월계수잎은 제거하고 페페론치노는 취향에 따라 제거하거나 그대로 둔다.
…. 질감은 육수의 양으로 조절 가능하며, 아주 부드러운 질감을 원하거나 소스통에 담아 사용할 경우에는 체에 내리면 좋다.

Mojo Picón & Mojo Verde
카나리아섬 쇼핑 리스트 1순위, **모호 피콘 & 모호 베르데**

카나리아 제도는 스페인의 최남단, 대서양에 위치한 7개의 섬으로, 원주민과 유럽의 문화가 결합된 고유한 식문화가 형성된 지역입니다. 카나리아의 가장 유명한 소스인 매콤한 모호 피콘과 초록색의 모호 베르데는 단연 카나리아 여행객 쇼핑 리스트 1순위입니다. 음식을 넘어 지역 아이콘으로서 그 존재감을 뽐내고 있지요.
카나리아 출신의 친구 에두의 어머니에게 직접 전수받은 레시피를 소개합니다.
스페인 본토와는 또 다른 느낌의 이국적인 맛을 즐겨보세요.

모호 피콘 Mojo picón

| 완성 분량 약 1컵(180㎖)
| 밀폐용기에 넣어 냉장 보관 4~5일

마늘 6쪽 / 빨간파프리카 70g / 큐민파우더 1작은술
피멘톤 1작은술 / 페페론치노 2개(취향에 따라 가감)
식초 1과 1/3큰술(20㎖) / 뇨라 페이스트 1작은술(생략 가능)
소금 1작은술(취향에 따라 가감) / 올리브유 3~4큰술(40㎖)

1 마늘은 칼의 옆면으로 눌러 으깬다.
   파프리카는 적당한 크기로 썬다.

2 핸드블렌더 또는 믹서로 모든 재료를 간다.

활용하기

- 현지에서는 보통 삶은 알감자와 서빙하지만 육류와도 잘 어울린다.
- 숙성된 양젖치즈를 갈아 넣으면 '알모그로테(Almogrote)'라는 또 다른 소스를 만들 수 있는데, 이 소스를 크래커에 올려 먹어도 맛있다.

모호 베르데 Mojo Verde

| 완성 분량 약 1컵(180㎖)
| 밀폐용기에 넣어 냉장 보관 4~5일

마늘 7쪽 / 청피망 25g / 고수 3g / 큐민파우더 1작은술
식초 1과 1/2큰술(25㎖) / 소금 1작은술(취향에 따라 가감)
올리브유 5~6큰술(60㎖)

1 마늘은 칼의 옆면으로 눌러 으깬다.
   청피망은 적당한 크기로 썬다.

2 핸드블렌더 또는 믹서로 모든 재료를 간다.
···· 식초는 흰색 계열을 사용해야 색이 밝게 나온다.

활용하기

카나리아 현지인들은 해산물, 특히 홍합찜 등 조개류와의 조합을 선호한다.

Chapter 2

가장
스페인다운

클래식 타파스

" 식사라기보다는 가벼운 술안주처럼 즐기는 작은 한 접시 요리, 타파스. 스페인의 식문화를 이야기할 때 결코 빼놓을 수 없는 존재이자, 제가 요리를 배우기 위해 스페인으로 날아간 가장 큰 이유이기도 합니다.

타파스는 단순한 음식 그 이상으로, 스페인 사람들의 일상과 사회적 교류의 중심에 있는 문화입니다.

셀 수 없이 다양한 타파스 메뉴가 존재하지만, 여기에서는 스페인 어디서나 쉽게 만날 수 있는, 가장 익숙하면서도 스페인스러운 클래식 타파스들을 소개해보고자 합니다."

Pan con Tomate

판 콘 토마테

간단 재료로 만드는 지중해의 맛
판 콘 토마테

판 콘 토마테는 카탈루냐 지역에서 유래했지만,
오늘날 스페인 전역에서 즐겨 먹는 간단하고 맛있는 메뉴입니다.
토스트한 빵과 토마토, 엑스트라 버진 올리브유의 조합은
매일 먹어도 물리지 않는 저의 최애 아침 식단이에요.
여기에 하몬 한 점까지 올리면 그날 하루를
아주 기분 좋게 시작할 수 있습니다.

※ 스페인어로 '판(Pan)'은 '빵', '토마테(Tomate)'는 '토마토'를 뜻합니다.

 2~3인분

- □ 바게트 1개(또는 다른 하드 계열빵)
- □ 완숙 토마토 2개
- □ 마늘 1쪽
- □ 다진 마늘 2큰술
- □ 올리브유 적당량
- □ 소금 약간
- □ 가니시용 다진 허브 약간 (파슬리, 타임 등)

빵 위에 판 콘 토마테를 올리고
달걀, 하몬, 치즈, 오이피클 등 다양한 재료를 토핑하면
매일 먹어도 질리지 않는 아침 식사가 된다

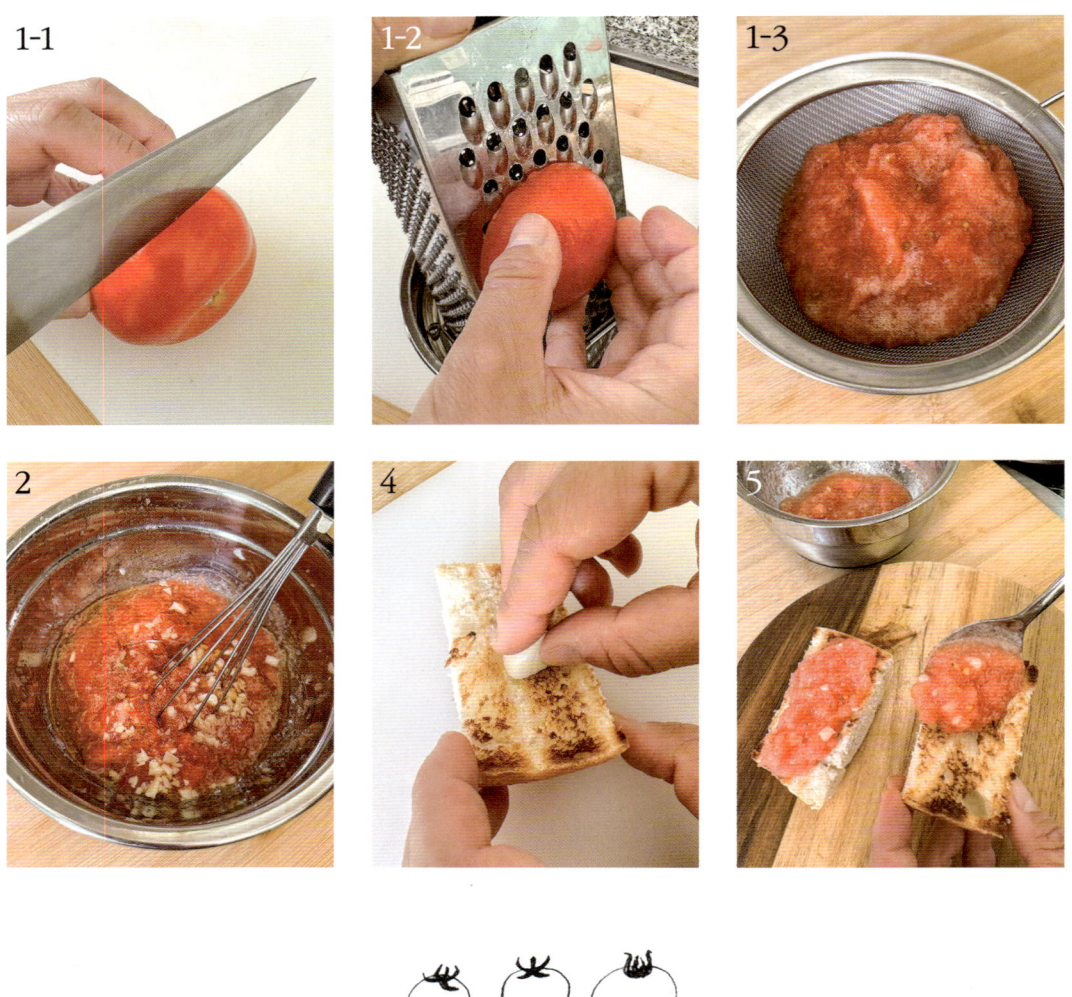

카탈루냐 현지에서는 'Tomate de penjar'라는 토마토 품종을
빵에 직접 문질러서 맛을 입히지만, 한국 토마토는 수분이 훨씬 많아 빵이 쉽게 눅눅해지고
토마토의 맛은 상대적으로 약하기 때문에 토마토를 소스로 만들어 빵에 올렸다.

How to Cook

1. 토마토를 반으로 썰어 강판에 간 후 체에 30초간 받친다. 이때 수분을 완전히 제거하지 않는다.
   ······ 토마토는 꼭지가 없는 쪽으로 반을 가른다.

2. 볼에 ①의 토마토, 올리브유 4~5큰술, 다진 마늘, 소금을 넣고 잘 섞는다.
   ······ 이 과정에서 충분히 간이 되어야 토마토의 감칠맛이 살고, 빵에 올렸을 때 밸런스가 맞는다. 기호에 따라 마늘을 추가하거나 타임 등 허브를 추가한다.

3. 토스터를 사용하거나 마른 팬에서 색이 충분히 나도록 빵을 굽는다.

4. 반을 자른 마늘을 빵의 표면에 충분히, 힘을 주어 문지른다.
   ······ 빵이 뜨거울 때 작업해야 마늘의 향이 잘 묻어난다.

5. 빵 위에 숟가락으로 ②의 소스를 올리고 올리브유를 가볍게 두른 후 다진 허브를 올린다.

Chef's Note

- 빵과 토마토 소스 위에 하몬, 치즈, 삶은 달걀, 아보카도 등 다양한 재료를 올려 식사, 간식, 또는 손님 초대용 플레이트로도 활용할 수 있다.

- 체에 걸러낸 토마토주스는 버리지 말고 마시거나, 찌개 등 국물 요리에 활용한다.

Ensaladilla Rusa

엔살라디야 루사

마요네즈가 킥, 삶은 감자로 만드는
러시안 샐러드

스페인에서 가장 인기 있는 샐러드 중 하나입니다.
모스크바의 요리사가 처음 개발했기에 러시안 샐러드라고 부르는데,
나라마다 그 재료나 만드는 방법이 조금씩 다릅니다.
스페인에서는 주로 감자, 당근, 완두콩, 참치,
삶은 달걀 등을 사용하며 가장 핵심은 마요네즈입니다.
많은 가게들이 저마다의 비법과 레시피로 만든
마요네즈를 곁들이고 있으며, 전국 최고의
러시안 샐러드를 뽑는 대회가 있을 정도입니다.

 2~3인분

샐러드

- ☐ 감자 2~3개(500g)
- ☐ 당근 1개(큰 것, 250g)
- ☐ 삶은 달걀 2개
- ☐ 올리브절임 약 20개(60g)
- ☐ 할라피뇨피클 약간(생략 가능)
- ☐ 오이피클 60g(슬라이스 10~12조각)
- ☐ 참치 통조림 90g
- ☐ 앤초비 통조림 3필렛
- ☐ 오이피클 국물, 올리브절임 국물, 앤초비 통조림 오일, 참치 통조림 오일 각 1큰술씩
- ☐ 완두콩 약간(생략 가능)
- ☐ 소금 약간
- ☐ 후춧가루 약간
- ☐ 통후추 간 것 약간(생략 가능)

마요네즈

- ☐ 오일 160g(앤초비 통조림 오일 40g, 참치 통조림 오일 40g, 식용유 80g)
- ☐ 달걀 1개
- ☐ 마늘 1/2개
- ☐ 앤초비 통조림 1필렛
- ☐ 할라피뇨피클 1개(생략 가능)
- ☐ 레몬즙 1/2개분(2큰술)
- ☐ 설탕 약간(생략 가능)
- ☐ 소금 약간

현지에서는 크래커나
얇은 빵 슬라이스 등과 함께 먹는다

현지 식당의 메뉴판에 보이는 '엔살라다(Ensalada)'는
일반적으로 생채소가 들어 있는 샐러드를 의미하지만,
'엔살라디야(Ensaladilla)'라고 적혀 있다면
삶은 감자와 마요네즈 베이스의 샐러드를 뜻한다.

How to Cook

1   깊이 있는 용기에 마요네즈 재료를 모두 넣고 핸드블렌더 섞는다.
……… 시판용 마요네즈를 사용한다면 레몬주스, 소금을 약간 추가한다.

2   냄비에 넉넉한 양의 물, 소금, 감자, 당근을 넣고 중간 불~중강 불에 올려 젓가락으로 찔렀을 때 부드럽게 쏙 들어갈 정도까지 약 20~30분간 삶는다.
……… 감자의 껍질은 벗기지 않고 삶아야 맛과 질감이 유지된다.

3   삶은 달걀의 흰자, 노른자는 각각 다진다. 올리브절임, 할라피뇨피클, 오이피클, 참치, 앤초비도 다진다. 다진 달걀노른자와 올리브절임 일부는 가니시용으로 따로 둔다.

4   ②의 감자는 찬물에 담가 잠깐 식혔다가 아직 따뜻할 때 껍질을 벗기고 당근과 함께 작은 크기로 썬다.

5   볼에 통후추를 제외한 샐러드의 모든 재료, 마요네즈를 넣고 섞는다.
……… 감자나 당근이 완전히 차가워지기 전에 섞으면 더 잘 비벼진다. 마요네즈 일부는 남겨 가니시용으로 사용한다.

6   그릇에 샐러드를 담고, 마요네즈를 한 번 더 올린 후 다진 달걀노른자, 다진 올리브절임, 통후추 간 것을 올린다.
……… 크래커나 얇은 빵 슬라이스 등을 곁들이면 좋다.

Chef's Note

- 생각보다 마요네즈의 양이 넉넉해야 이 메뉴의 느낌을 살릴 수 있다. 마요네즈는 시판용의 되직한 버전보다는 묽고 살짝 흘러내리는 듯한 느낌이 오리지널 메뉴에 가깝고, 농도는 레몬주스 또는 물을 추가해 조절할 수 있다.

- 냉장실에서 충분히 차갑게 보관했다가 먹으면 더 맛있다.

- 속재료로 새우, 문어, 조개, 게맛살 등 해산물도 잘 어울린다. 기호에 따라 피멘톤을 추가해도 좋다.

Tortilla de Patata

토르티야 데 파타타

스페인 사람들의 국민 간식
스페인식 오믈렛

스페인에서는 '토르티야'라고 불리는 클래식 요리로,
감자, 달걀, 양파 세 가지 재료로만 만드는 두꺼운 오믈렛입니다.
샌드위치, 술안주, 간식, 간편 식사 등 스페인 사람들의 일상에
빠질 수 없는 메뉴이며 특히 야외에서 진행하는 파티에
토르티야가 없는 것은 상상하기 어려울 정도입니다.
오믈렛에 '양파 넣기 vs. 빼기'는 '탕수육의 부먹 vs. 찍먹'급의 영원한 논쟁이죠.
개인적으로 아이가 어릴 때 자주 만들어주기도 했었어요.
레스토랑 근무 시절 월요일마다 튀김용 감자를
썰고 남은 자투리로 만들어 먹던 토르티야 샌드위치는
지금도 잊을 수가 없답니다.

※ 스페인어로 '파타타(Patata)'는 '감자'를 뜻합니다.

 2~3인분

- ☐ 달걀 6개
- ☐ 양파 1개
- ☐ 감자 3개
- ☐ 양송이 2~3개(생략 가능)
- ☐ 올리브유 2컵
- ☐ 소금 2작은술
- ☐ 설탕 1작은술(생략 가능)

겉면의 색이나 속의 익힘 정도는 불의 세기와 조리 시간으로 조절할 수 있다.
현지에서는 속을 완전히 익지 않은 미디엄 정도를 선호하는 경우도 많다.

How to Cook

1   양파는 얇게 채 썰고, 감자는 반으로 잘라 0.4cm 두께로 썬다. 양송이는 잘게 다진다. 볼에 달걀을 푼다. 오믈렛을 뒤집는 용도로, 팬 사이즈보다 큰 접시를 준비해 놓는다.

2   팬에 올리브유를 1/3 정도 높이까지 붓고 중강 불로 예열한 후 양파를 넣고 5분 정도 익힌다.

3   감자를 넣고 약 7~8분간 익힌 후 양송이를 넣고 중간중간 뒤집으면서 골고루 색이 나도록 중간 불~중강 불에서 10~12분간 조리한다.
……… 올리브유가 부족하다면 추가한다. 재료가 잠길 정도의 올리브유에 조리해야 원하는 식감이 된다.

4   양파는 갈색빛이 돌고, 감자는 뭉개질 정도로 익으면 불을 끄고 체에 받쳐 기름을 제거한다.
……… 사용한 기름은 고운 체에 걸러 재사용 가능하다.

5   달걀물을 푼 볼에 ④를 넣고 소금 간을 한 후 5~10분간 휴지시킨다.

6   ④의 팬을 닦지 않고 그대로 중강 불로 예열한 후 ⑤를 넣어 중강 불에서 1분, 중약 불에서 2~3분간 익힌 후 뒤집는다. 기름이 부족하다면 올리브유 1/2~1큰술 정도 추가하고 중간에 스페츌러로 가장자리의 반죽 모양을 잡아가며 굽는다.
……… 반죽을 뒤집을 때 그릇으로 팬을 덮고 손바닥을 그릇 중앙에 올려놓은 후, 한 번에 180도 회전시켜 뒤집는다. 그 후, 접시를 기울여 반죽이 자연스럽게 미끄러져 팬 위에 올라오도록 한다.

7   가운데를 눌렀을 때 탄력이 느껴질 때까지 중강 불에서 1분, 중약 불에서 2~3분 정도로 익힌다. 불을 끄고 한 번 더 뒤집은 후 서빙한다.

Chef's Note

◉   가정에서는 작은 크기의 코팅 팬을 사용한다. 크기가 작아야 두께감을 살리기 좋다.

◉   오믈렛은 살짝 식힌 후 잘라야 무너지지 않는다.

◉   차갑게 먹어도 맛있고 마요네즈나 알리올리(38쪽)를 곁들이면 더 좋다. 샌드위치의 속재료로도 많이 넣어 먹는다.

◉   베이스가 되는 달걀, 감자, 양파 이외에 시금치, 햄, 치즈, 생선 등을 넣어도 된다.

Mejillones en Escabeche

메히요네스 엔 에스카베체

식초와 오일 풍미를 즐기는
홍합 에스카베체

바르셀로나 유학 시절, 단골집 할머니가 종종 만들어 주시던
고등어 절임의 강렬한 인상이 아직 남아 있습니다.
'절임'을 뜻하는 '에스카베체(Escabeche)'는 본래 식초와 오일에
음식을 오래 보존하기 위한 방법이었으나, 오늘날에는 맛을 더하고
풍미를 즐기기 위해 많이 사용하고 있습니다. 가장 쉽게 볼 수 있는
홍합 에스카베체는 통조림 브랜드만 수십 개에 달할 정도로
스페인 사람들의 많은 사랑을 받고 있으며,
우리 부부의 최애 술안주이기도 합니다.

※ 스페인어로 '메히욘(Mejillón)'은 '홍합'을 뜻합니다.

 2~3인분 / 완성 후 2~3일 숙성하기

홍합찜
- ☐ 홍합 1kg
- ☐ 화이트와인 1/2컵
  (또는 물, 생략 가능)
- ☐ 레몬즙 1/2개분(2큰술, 생략 가능)

소스
- ☐ 올리브유 약 1/4컵(60㎖)
- ☐ 마늘 6~7쪽
- ☐ 월계수잎 1장
- ☐ 통후추 7~8알
- ☐ 피멘톤 1과 1/2작은술
- ☐ 화이트와인 약 1/4컵(60㎖)
- ☐ 홍합육수 약 1/4컵
  (60㎖, 홍합찜에서 나온 것)
- ☐ 셰리와인식초 3~4큰술
  (35g, 또는 화이트와인식초)
- ☐ 소금 1큰술
- ☐ 페페론치노 약간
  (또는 베트남 건고추, 생략 가능)

현지에서는 크래커나
얇은 빵 슬라이스에
홍합 에스카베체를 얹어 먹는다

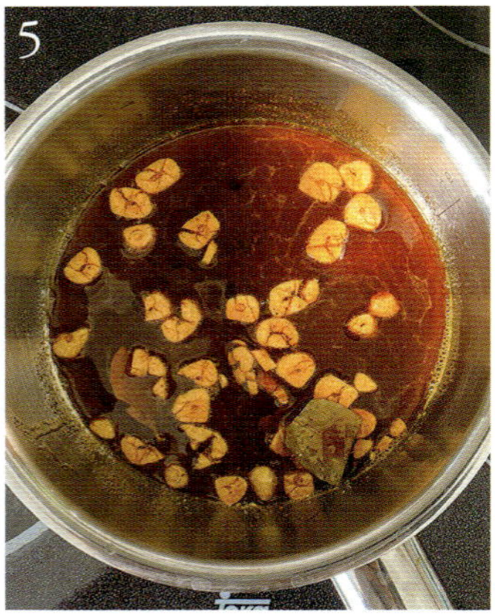

현지 바의 가장 전형적인 서빙은
감자칩과의 조합이다. 스페인식 오믈렛(60쪽) 위에 얹어 먹어도 좋다.

How to Cook

1. 홍합은 지저분한 것들을 제거하고 깨끗하게 씻는다. 마늘은 두껍게 편 썬다.

2. 냄비에 홍합, 화이트와인, 레몬즙을 넣고 뚜껑을 덮은 후 센 불에서 홍합 껍질이 벌어질 때까지 찐다. 불을 끄고 뚜껑을 덮은 채로 3분간 뜸 들인다.

3. 홍합을 체에 밭쳐 육수를 따로 모으고, 홍합은 살만 바른다.

4. 작은 냄비 또는 팬을 예열하고 소스 재료의 올리브유, 마늘, 월계수잎, 통후추를 넣고 중간 불에서 볶듯이 익힌 후 마늘 색이 충분히 나면 불을 끈다.
   ……… 매운맛을 낼 경우 이 과정에서 매운 고추를 추가해서 같이 볶는다.

5. 피멘톤을 넣고 섞은 후 화이트와인, ③의 홍합육수, 식초를 넣고 냄비나 팬을 가볍게 돌리면서 거품기로 잘 섞는다.

6. 센 불에 올려 끓어오르면 30초~1분간 더 조리하고 불을 끈다.

7. 소금 간을 하고 ③의 홍합살에 넣은 후 완전히 식으면 밀폐용기에 담고 2~3일 냉장 보관해 홍합살에 국물의 맛이 배면 먹는다.
   ……… 홍합육수의 염도에 따라 소금의 양이 달라질 수 있다.

Chef's Note

- 5일 정도 절이면 맛이 충분히 배어 더 맛있다.
- 차갑게 해서 여름에 먹으면 특히 좋다.
- 닭, 토끼, 메추리 등 육류는 물론 각종 생선과 채소를 활용해 만들기도 한다. 홍합 대신 참치 통조림, 꽁치, 고등어 등도 좋다.

Boquerones en Vinagre

보케로네스 엔 비나그레

멸치의 계절을 기다리며
멸치 마리네이드

멸치를 가장 멸치답게 즐길 수 있는 방법!
어느 타파스 바를 방문하더라도 냉장 쇼케이스의 가장 눈에 띄는 자리를
차지하고 있는 메뉴입니다. 신선한 제철 멸치를 질 좋은
엑스트라 버진 올리브유에 마리네이드해서 빵 위에 한 점
올려 먹으면 그만한 행복이 없습니다.
멸치의 담백함, 식초의 새콤함, 올리브유의 고소함과
마늘&파슬리의 향이 더해진 지중해 한입.

※ 스페인어로 '보케론(Boquerón)'은 '멸치',
　'비나그레(Vinagre)'는 '식초'를 뜻합니다.

 2~3인분

- ☐ 멸치 600g

식초 절임(물과 식초는 1:2의 비율)
- ☐ 물 1/2컵(100㎖)
- ☐ 화이트와인식초 1컵(200㎖, 또는 화이트와인식초 170㎖ + 셰리와인식초 30㎖)

마늘 올리브유
- ☐ 다진 마늘 3큰술(6~7쪽분)
- ☐ 다진 파슬리 3~4큰술
- ☐ 엑스트라 버진 올리브유 넉넉히

🇪🇸 스페인의 마켓 이야기

멸치 마리네이드

멸치 마리네이드는 마트에서도 쉽게 볼 수 있을 만큼
스페인 사람들에게는 매우 익숙한 메뉴이다. 감자칩이나
빵에 올려 먹거나 올리브절임, 오이피클(코니숑),
고추피클 등 절임류와도 잘 어울린다.

편 썬 마늘, 올리브절임 등과 함께 먹으면
더 맛있다. 편 썬 마늘을 함께 숙성시키면
올리브유에 마늘의 향은 은은하게 남고 매운 맛은 빠진다

마늘 2~3쪽을 편으로 썰어 함께 숙성시키면
매운 맛이 빠지면서 서빙 시 장식용으로 활용하기 좋다.

How to Cook

1. 멸치의 목 뒤를 가위로 반 정도 자르고 머리를 안쪽으로 굽혀 척추뼈와 내장을 함께 제거한다.

2. 볼에 손질한 멸치를 담고 찬물을 갈아가며 6~7번 씻는다. 약 3.5% 농도의 소금물 (물 5컵(1ℓ)에 소금 약 4큰술(35g) 비율로 섞은 것)을 만든 후 얼음을 넣고 1시간 동안 담가둔다.
   ……… 이 과정을 통해 여분의 피와 불순물이 빠지고, 생선에 골고루 간이 배며 육질이 단단해진다.

3. 멸치를 찬물에 가볍게 헹군 후 키친타월로 물기를 제거하고, 잘 펼쳐서 랩에 싸서 냉동실에 5~6일 보관한다. 사용하기 하루 전에 냉장실에서 해동한다.

4. 식초 절임 재료를 섞는다. 밀폐용기에 멸치를 담고 식초물을 부은 후 12시간 정도 냉장 보관한다.
   ……… 너무 오래 두면 신맛이 강해지고 살이 톡 부러질 수 있다.

5. 멸치 살이 다치지 않게 조심스럽게 찬물에 씻고, 키친타월로 물기를 충분히 제거한다.

6. 볼에 마늘 올리브유 재료를 넣고 잘 섞는다.

7. 밀폐용기에 멸치, 마늘 올리브유를 층층이 채우는 과정을 반복한 후 올리브유를 잠기도록 붓고 냉장 보관한다.
   ……… 바로 먹을 수도 있지만, 하루 이상 숙성시키면 풍미가 더 좋다. 냉장실에서 약 5일 정도 보관 가능하다.

Chef's Note

- 현지에서는 멸치의 생식으로 인한 아니사키스(고래회충) 감염을 예방하기 위해 반드시 냉동 과정을 거친다.

- 화이트와인식초, 사과식초, 양조식초 등 다양한 종류의 식초를 사용할 수 있으며, 셰리와인식초를 조금 섞으면 풍미가 더욱 좋아진다.

- 올리브유에 충분히 절이는 만큼 고품질의 엑스트라 버진 올리브유를 사용하면 더욱 맛있다.

Pulpo a la Gallega

뿔뽀 아 라 가예가

스페인 문어 요리의 클래식
갈리시아식 뿔뽀

가장 좋아하는 스페인 요리가 무엇이냐는 질문을 받으면
저는 이 음식을 이야기합니다. 정말 좋아해서 지난 여름 뿔뽀의 본고장,
북부 갈리시아 문어 축제를 방문하러 10시간 차를 몰기도 했지요.
갈리시아에서는 축제와 잔치의 음식이자, 매주 일요일마다 도시 곳곳에
문어 푸드 트럭이 들어설 정도로 참 친숙한 메뉴입니다.
다음 모임에 이 문어 한 마리를 식탁에 올려보면 어떨까요?

※ 스페인어로 '뿔뽀(Pulpo)'는 '문어'를 뜻합니다.

 3~4인분

- ☐ 문어 1마리(1.2~1.5kg, 삶은 후 무게 700~900g)
- ☐ 감자 1~2개
- ☐ 피멘톤 약간
- ☐ 소금 약간
- ☐ 가니시용 말돈소금 약간 (또는 굵은 입자의 소금)
- ☐ 엑스트라 버진 올리브유 넉넉히

뿔뽀의 본고장, 갈리시아 문어 축제

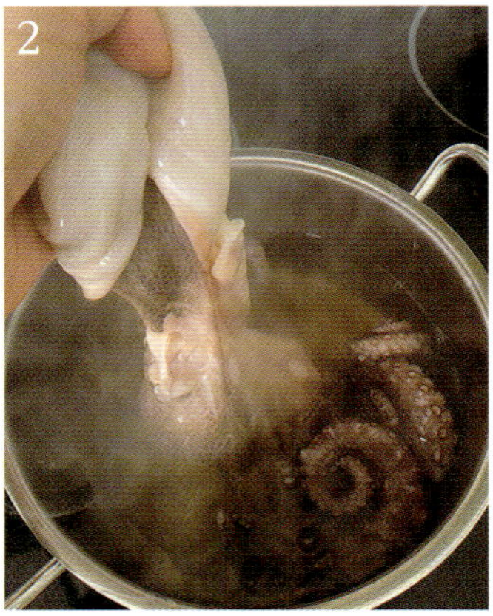

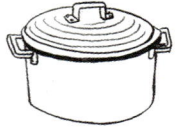

한국의 문어(문어 숙회)는 쫄깃함이 미덕이지만,
스페인에서는 부드러운 식감을 선호한다.
냉동 문어는 냉동과 해동 과정을 거치며 조직이 파괴되어 육질이 연해지므로,
스페인의 레스토랑들은 언제나 냉동 문어를 사용한다.
생물의 경우 냉동했다 사용하거나, 방망이로 두드려 조직을 연하게 만든다.

How to Cook

1. 문어는 머리를 뒤집어 내장을 제거한 후 눈과 입을 제거한다.
   굵은 소금을 문질러 빨판 부분을 깨끗이 씻는다.

2. 냄비에 문어가 잘길 정도의 넉넉한 물을 넣고 센 불에서 끓어오르면 문어 머리를 잡고
   나머지 부분이 물에 잠기도록 3초간 넣었다 10초간 빼는 과정을 3번 반복한다.
   ……… 이 과정을 '문어를 놀래킨다(Asustar)'라고 한다. 다리의 끝부분을 자연스럽게
   말리도록 하며, 부드러운 육질을 만든다.
   ……… 불 조절이 익숙하지 않으면 물이 끓어 넘칠 수도 있으므로, 초보자는 넉넉한 크기의
   냄비를 준비한다.

3. 냄비에 문어를 완전히 넣고 물이 끓어오르면, 뚜껑을 비스듬히 걸친 후
   중간 불~중약 불에서 문어의 크기와 원하는 식감에 따라 30~50분간 익힌다.

4. 문어 다리의 가장 두꺼운 부분을 젓가락으로 찔렀을 때 부드럽게 잘 들어가면
   불에서 내린 후 뚜껑을 덮고 10~15분간 휴지시킨다. 문어 삶은 육수는 남겨둔다.
   ……… 문어는 크기에 따라 조리 시간의 차이가 많이 난다.

5. 감자는 1~1.5cm 두께로 썰어 찬물에 담가 전분기를 뺀다.

6. 냄비에 문어 삶은 육수, 감자, 소금을 넣고 젓가락으로 찔렀을 때 부드럽게
   들어갈 정도로 익힌다.
   ……… 감자는 접시로 옮기는 과정 또는 그릇 위에서 쉽게 부서질 수 있으니 너무 오래 익히지 않는다.

7. 문어를 적당한 크기로 썬다. 그릇에 감자를 깔고 문어를 올린 후 말돈소금과
   피멘톤을 골고루 뿌리고 올리브유를 넉넉히 두른다.
   ……… 감자는 접시로 옮기는 과정 또는 그릇 위에서 쉽게 부서질 수 있으니 너무 오래 익히지 않는다.

Chef's Note

* 국내 문어 중 남해 돌문어는 크기가 조금 작고, 동해 피문어는 가격이 만만치 않다.
  모리타니아 등의 수입산이 좋은 대안이 될 수 있다. 단, 자숙이 아닌 생이나 냉동을
  구입하는 것이 좋다.

* 남은 문어 육수는 라면, 해물떡볶이, 된장찌개, 해물밥 등에 다양하게 활용 가능하다.

Chorizo al Vino

초리소 알 비노

간단해서 더 매력적인 스페인 전통의 맛
레드와인 초리소

이렇게 간단하면서도 맛있는 요리가 또 있을까 싶은,
초간단 메뉴입니다. 스페인의 오랜 전통을 자랑하는 이 요리는,
손쉽게 이국적인 맛을 즐길 수 있게 해줍니다.
재료가 간단해 캠핑이나 여행에서도 간편하게
만들 수 있어 더욱 매력적입니다.
빵 한 조각에 올려 꼭 한 번 드셔보세요.

※ 스페인어로 '비노(Vino)'는 '와인'을 뜻합니다.

 00인분

- ☐ 생초리소 500g(또는 수제 생소시지)
- ☐ 양파 1/2개
- ☐ 마늘 7~8쪽
- ☐ 레드와인 1과 1/2컵(300㎖)
- ☐ 월계수잎 1~2장
- ☐ 시나몬스틱 1개(생략 가능)
- ☐ 소금 약간
- ☐ 후춧가루 약간
- ☐ 식용유 1큰술(생략 가능)
- ☐ 가니시용 구운 빵 약간

구운 빵 위에 레드와인 초리소를 한 점 올리고
구운 마늘, 파슬리로 장식하면 이보다 더 쉽고 멋진
캠핑 요리가 없을 정도이다

스페인 북부에서는 레드와인 대신 '시드라(Sidra)'라고 하는 사과주를 사용한다.
좋아하는 다른 술을 사용해도 된다. 보통 조리된 초리소를 슬라이스해서 따뜻한 소스와 함께 빵에 올려 먹는데,
저자의 원픽은 빵 위에 아보카도를 함께 올리는 것이다.

How to Cook

1. 초리소 표면에 포크 또는 이쑤시개로 2~3개의 구멍을 낸다. 양파는 작게 다진다.
   ……… 초리소에 구멍을 내면 내부 기름이 밖으로 잘 빠져나온다.

2. 예열한 냄비에 식용유를 두르고 초리소를 통째로 넣은 후 중강 불에서 뒤집으면서 노릇하게 굽는다.

3. 양파를 넣고 주걱으로 눌러붙은 바닥을 긁으면서 투명해 질때까지 볶은 후 마늘을 넣고 약 2분간 볶는다.

4. 레드와인, 월계수잎, 시나몬스틱, 소금, 후춧가루를 넣고 중간 불에서 와인이 졸아들 때까지 약 20분 정도 끓인다. 중간에 소시지를 뒤집거나 냄비를 가끔씩 흔들면서 소스를 잘 섞는다.
   ……… 초리소의 자체 간이 있어 보통은 소금, 후춧가루를 넣지 않지만 제품에 따라 차이가 있으므로 간을 확인하고 추가한다.
   ……… 평소에 마시고 남은 레드와인을 모아두면 이럴 때 활용하기 좋다.
   ……… 레드와인의 양은 냄비나 팬 등 조리도구의 크기에 따라 달라질 수 있다.

5. 초리소에 맛이 배고 초리소의 기름이 농축된 와인과 섞이면서 소스 질감이 되면 불을 끈다. 적당한 크기로 썰고 그릇에 담은 후 구운 빵을 곁들인다.

Chef's Note

- 썰어먹는 건조 숙성된 제품이 아닌, 조리용 생초리소(소시지)를 구입해야 한다. 초리소 대신 샤퀴테리에서 만든 다양한 수제 소시지를 사용해도 좋다.

- 레드와인이 잘 어울리며, 특히 요리에 사용한 와인을 페어링하면 가장 좋다.

Croquetas de Jamón

크로케타스 데 하몬

스페인 타파스의 올타임 넘버원
햄 크로켓

'처음 가는 식당의 수준을 가늠하려면 크로켓타를 먼저 주문해 보라'는 말이
있을 정도로, 크로켓타는 현지인들에게 중요한 메뉴로 여겨집니다.
겉은 바삭하고 한입 베어 물면 흘러내릴 듯 크리미한 속이 특징인데,
이 속에는 하몬이나 새우, 오징어 등을 다져 넣어 다양한 맛을
즐길 수 있습니다. 아이들에게는 인기 간식으로,
어른들에게는 단골 맥주 안주로 손꼽히는 크로켓타는
미리 만들어 냉동해두면 언제나 든든한
우리집 비상식량이 됩니다.

 약 25개 분량 / 냉장실에서 반죽 12시간 굳히기

- ☐ 양파 약 3/4개(170g)
- ☐ 하몬 170g(또는 햄, 프로슈토)
- ☐ 밀가루 중력분 85g + 약간
- ☐ 버터 5~6큰술(85g)
- ☐ 올리브유 2큰술
- ☐ 우유 4와 1/4컵(850㎖)
- ☐ 시판 코인육수 1~2개(생략 가능)
- ☐ 넛맥파우더 1/2작은술(생략 가능)
- ☐ 그라나파다노치즈 간 것 2~3큰술(20g, 생략 가능)
- ☐ 소금 약간
- ☐ 후춧가루 약간
- ☐ 달걀물 약간(튀김용)
- ☐ 빵가루 약간(튀김용)
- ☐ 식용유 적당량(튀김용)

기호에 따라 고기, 버섯, 생선 등 익힌 메인 재료를 반죽 베이스에 섞는다.
모든 크로켓타 반죽은 반죽 베이스와 메인 재료가 모두 익은 상태가 되어야 한다.

How to Cook

1. 양파, 하몬은 잘게 다진다. 밀가루(85g)는 체 친다. 냄비에 우유, 코인육수를 넣고 불에 올려 뜨겁게 데운다.
   ……… 코인육수를 사용하면 맛이 좀 더 풍성해진다. 정통 방법은 우유에 돼지 뼈, 하몬 뼈를 넣고 천천히 끓여서 깊은 맛을 낸다. 매운맛, 훈연향을 낼 수도 있다.

2. 예열한 팬에 버터, 올리브유를 넣고 버터가 녹으면 양파를 넣어 중강 불에서 볶는다. 소금 간을 하고 양파가 갈색에 가까워질 때까지 10분 정도 볶는다.
   ……… 양파가 캐러멜라이징이 되는 이 과정이 중요하다. 버터가 타지 않도록 불 세기는 점점 낮추면서 볶는다.

3. 밀가루를 넣고 골고루 익힌다는 느낌으로 약한 불에서 약 2~3분간 볶은 후 중약 불~중간 불로 올려 데운 우유를 5~6번에 나누어 넣으면서 잘 섞는다. 이때 우유가 반죽에 전부 흡수되면 다음 번 우유를 추가한다.

4. 반죽에 우유가 다 흡수되고 반죽이 팬에 들러붙지 않는 상태가 되면 불을 끄고 반죽 베이스를 완성한다.

5. 하몬, 넛맥, 그레이터에 간 치즈, 소금, 후춧가루를 넣고 잘 섞는다.

6. 넓은 용기에 반죽을 펴서 담고 실온에서 식힌 후 약 12시간 냉장 보관해서 충분히 굳힌다.
   ……… 반죽을 식힐 때 랩을 반죽 표면에 닿도록 씌워 공기와의 접촉을 피해야 반죽 표면이 말라서 딱딱해지는 것을 막을 수 있다.

7. 손으로 반죽을 적당량 떼어 타원형 등 원하는 모양으로 만든다. 3개의 그릇에 각각 밀가루(약간), 달걀물, 빵가루를 담는다.
   ……… 시간이 지나면 반죽이 손에 많이 묻어나므로 반죽이 차가울 때 최대한 빨리 진행한다. 양손에 식용유를 살짝 묻혀 작업해도 좋다.

8. 밀가루를 골고루 묻히고 탁탁 털어낸 후 달걀물, 빵가루 순으로 입힌다.

9. 냄비에 식용유를 넣고 180℃(튀김 반죽이 중간까지 가라앉았다가 2초 후 바로 떠오르는 정도)로 달군다. 반죽을 넣고 노릇하게 튀긴 후 체에 밭쳐 기름을 제거한다.
   ……… 속은 이미 익은 상태이므로 겉면에 색이 날 정도만 가볍게 튀긴다.

10. 그릇에 담고 원하는 소스를 곁들인다.
    ……… 완성된 크로켓타는 그대로 먹거나 취향에 따라 케첩, 마요네즈, 알리올리(38쪽), 로메스코소스(42쪽), 브라바소스(46쪽), 모호 피콘(48쪽), 핫소스(스리라차, 타바스코 등)를 곁들여도 좋다.

Chapter 3

스페인의
주말에
빠질 수 없는

**빠에야와
쌀 요리**

" 스페인 사람들에게 빠에야를 비롯한 쌀 요리는 단순한 한 끼를 넘어, 주말의 여유와 공동체의 유대를 상징하는 특별한 음식입니다.

쌀 요리는 보통 일요일 느지막한 점심에 맞춰 천천히 준비되고, 가족이나 친구들이 빙 둘러앉아 함께 나누는 하나의 의식처럼 여겨지지요. 지역마다 재료와 조리 방식이 조금씩 달라지는 것도 흥미롭습니다.

한국에서는 빠에야가 가장 잘 알려져 있지만, 현지에서는 다양한 쌀 요리가 주말의 식탁을 풍성하게 채워줍니다. "

Chef's Note

이제 빠에야를 집밥으로 즐겨보세요!

빠에야
완전 정복하기

한국인들에게 가장 잘 알려진 스페인 요리 중 하나인 빠에야는 스페인을 여행하거나,
스페인 레스토랑에서만 먹을 수 있는 특별한 요리라고 생각하지만, 몇 가지만 잘 알아두면
원팬밥처럼 의외로 만들기 쉽답니다. 해산물 빠에야(90쪽)와 발렌시아식 전통 빠에야(94쪽),
국물 빠에야인 스페인식 해물밥(98쪽) 만들기에 필요한 주요 도구와 재료,
포인트들을 한 눈에 정리했으니 이제 집에서도 스페인 빠에야의 맛을 맘껏 즐겨보세요.

1. 팬 고르기

빠에야는 특정 조리 도구인 '빠에야 팬'의 이름에서 유래했을 정도로 팬의 역할이 중요하다. 빠에야의 가장 중요한 도구이며, 이 팬의 특징이 곧 빠에야 요리의 핵심 원리와 직결된다.

- 빠에야 팬(Paellera)은 넓고 얇은 형태이며, 쌀알이 육수를 골고루 흡수하고 바닥에 누룽지가 잘 생기도록 한다.
- 팬의 크기는 쌀의 양과 화구 크기를 고려하여 선택한다. 일반 가정용 화구에서는 최대 쌀 200g 정도(2인분)를 조리할 수 있는 30~35cm 지름의 팬이 적합하다. 일반 프라이팬으로 대체 가능하며 가능한 밑면이 넓고 높이가 낮은 제품이 좋다. 두께가 너무 얇으면 바닥이 쉽게 탄다.
- 전통적인 소재는 카본 스틸이며 스테인리스나 에나멜 코팅 등 다양하다. 논스틱 코팅 재질은 가급적 피한다.

2. 쌀 고르기&분량

빠에야는 어떤 쌀을 사용하느냐에 따라 맛과 식감이 크게 달라진다. 빠에야에 가장 적합한 쌀은 육수를 잘 흡수하면서도 쌀알이 뭉개지지 않고 형태를 유지하는 품종이 좋다.

- 자스민 같은 장립종(Long-grain) 쌀보다는 단립종(Short-grain)이 좋은데, 한국 쌀은 대부분 단립종이다.
- 일반 빠에야는 90~110g, 국물 빠에야는 80~100g 정도의 쌀을 보통 1인분으로 잡는다.
- 일반적인 가정용 화구에서 조리할 경우, 쌀의 양이 200g을 넘지 않는 것이 좋으며, 가급적 최소한으로 넣는다. 가정에서 빠에야를 실패하는 가장 큰 이유는 쌀의 양이 많기 때문이다. 작은 팬에 상대적으로 많은 쌀이 들어가면 쌀의 익힘 정도를 균일하게 맞추기 어렵다. 팬은 넓을수록, 쌀은 적을수록 빠에야를 맛있게 요리할 수 있다.
- 빠에야 조리 시 쌀을 씻거나 불리지 않는 이유는 전분이 씻겨 내려가면서 빠에야 특유의 질감과 풍미를 잃을 수 있으며, 쌀이 물을 미리 흡수하면서 맛의 핵심 성분인 육수를 덜 빨아들이게 되기 때문이다.

3. 육수 준비하기

발렌시아식 전통 빠에야처럼 고기를 사용하는 빠에야는 닭육수(35쪽), 해산물 빠에야나 스페인식 해물밥처럼 해산물을 사용하는 빠에야는 해물육수(35쪽)를 미리 준비한다. 육수 준비가 번거롭다면 시판 코인육수 등으로 대체 가능하다.

- 일반 빠에야는 쌀 양의 3배 + 여유분, 국물 빠에야는 쌀 양의 4배 + 여유분의 육수를 준비한다. 특히 국물 빠에야는 쌀의 종류나 냄비, 원하는 질감에 따라 실제 사용하는 육수의 양에 차이가 많이 난다.
- 빠에야의 육수는 반드시 뜨겁게 데워서 넣는다. 육수가 뜨거워야 조리 과정이 멈추지 않고 계속 진행된다. 만약 육수가 차가울 경우, 쌀알이 깨져 원하는 질감을 얻을 수 없다.
- 발렌시아식 전통 빠에야는 원래 별도의 육수를 사용하지 않고, 뼈 있는 닭고기(또는 토끼)로 팬에서 직접 육수를 만든다. 예를 들어, 쌀 양의 약 6배 정도의 물을 붓고 끓인 후 절반으로 졸이면서 육수를 내고, 그 시점에 쌀을 넣고 밥을 짓는다. 따라서 조리 시간이 길고, 불린 콩을 완전히 부드럽게 익힐 수 있다.

4. 사프란물 준비하기

사프란(Azafrán)은 세계에서 가장 비싼 향신료로, 전통 빠에야의 향과 맛을 내는데 반드시 필요한 재료이지만 구하기 어렵다면 시판용 빠에야 시즈닝으로 대체할 수 있다.

- 빠에야 1인분 기준 7~10가닥 정도를 사용한다.
- 육수에 바로 넣을 경우 잘 우러나지 않으므로 마른 팬에서 약한 불로 살짝 가열하거나 쿠킹포일에 싸서 구운 후 따뜻한 물이나 육수를 조금 추가해 사프란물을 만든다.

5. 꼭 알아둘 공통&빠에야별 체크 포인트

공통 체크 포인트

☐ ① 쌀을 육수보다 먼저 넣는 경우(해산물 빠에야) : 살모레타로 맛을 더하는 해산물 빠에야의 경우에는 쌀을 먼저 넣는다. 기름에 코팅된 쌀이 지방과 결합하여 맛을 살리며, 쌀알이 서로 붙지 않고 알알이 고르게 익는 장점이 있다. 단, 스페인 쌀에 비해 전분기가 많은 찰진 한국 쌀을 사용하는 경우는 상황에 따라 오일을 추가하며 쌀을 먼저 볶아 전분을 코팅해주면 상대적으로 덜 퍼진 식감의 결과물을 만들 수 있다.
② 쌀을 육수보다 나중에 넣는 경우(발렌시아식 빠에야) : 팬 하나에서 육수까지 내는 경우에는 보통 쌀을 나중에 넣는다. 육수가 이미 완성된 상태에서 쌀이 수분을 흡수하는 데 유리하며, 소카랏(89쪽 참고)을 만들기도 더 적합하다.

☐ 소금 간은 육수가 끓어오르는 시점에 이미 어느 정도 맞아야 한다. 그 상태로 졸이면 염도가 높아지면서 밥과 결합했을 때 적절한 간이 된다.

☐ 팬에 육수를 붓고 나서부터 조리하는 시간은 화구와 팬의 상태, 쌀의 양 등에 따라 매우 가변적이다. 초보자라면 중간중간 쌀의 익힘 정도를 확인하면서 육수를 추가하며 조리 시간을 체크한다. 특히 중앙부와 가장자리 등의 쌀의 질감이 균일하게 익을 수 있도록 신경 써야 한다.

☐ 가정에서 인덕션이나 하이라이트로 빠에야를 조리한다면 팬의 밑면이 가급적 화구 크기를 넘지 않는 것이 좋다. 팬이 화구에 비해 너무 크면 적절하게 조리하기 어려우며, 이 경우에는 팬을 계속 움직이면서 골고루 열을 받도록 한다.

☐ 빠에야 팬에 손잡이가 두 개인 이유는 양손으로 팬을 잡고 흔들며 조리하기 위해서이다. 쌀에 육수가 들어간 후에는 주걱 등으로 휘젓는 대신 손잡이를 잡고 팬을 흔들면서 조리하는 것이 좋다. 쌀을 휘저으면 전분이 흘러나와 전혀 다른 질감의 결과물이 나올 수 있다.

해산물 빠에야 체크 포인트 (90쪽)

☐ 홍합은 미리 익혀서 사용할 것을 추천한다. 홍합을 세척했더라도 육수나 껍질에서 이물질이 나올 수 있기 때문에 따로 익혀서 체에 걸러 사용하면 깔끔한 상태의 육수를 얻을 수 있다. 또한 홍합을 빠에야 팬에 올려 익히게 되면 홍합이 놓인 아랫부분은 수분 증발이 막혀 쌀의 익힘 정도가 고르게 되지 않을 수 있다.

발렌시아식 빠에야 체크 포인트 (94쪽)

☐ 빠에야를 작은 팬에 조리하는 경우, 조리가 편한 닭날개(닭봉) 위주로 사용한다. 팬이 넓은 경우에는 닭볶음탕처럼, 닭 한 마리를 덩어리로 잘라 사용해도 좋다. 오리지널 버전에서는 육수를 함께 내야 하므로 항상 닭을 통째로 잘라 뼈째 사용한다.

국물 빠에야 체크 포인트 (98쪽)

☐ 일반 빠에야보다 수분감이 많은 쌀 요리로, 가정에서 냄비만 있으면 간편하게 만들 수 있고 맛이 충분히 보장되어 실제 스페인 현지인들이 더 많이 즐긴다. 바닷가에서는 해산물이 들어간 요리를 제공하지만, 산이나 시골에서는 오리, 이베리코 돼지, 사냥 고기(토끼, 멧돼지, 자고새(꿩과)) 등의 고기 버전도 아주 흔하다.

☐ 국물 빠에야는 일반 빠에야와 반대로, 육수를 넣은 후에도 쌀을 자주 저으면서 조리한다.

빠에야의 맛을 결정짓는
두 가지 성공 포인트

1
깊은 감칠맛을 내는
디글레이징(Deglazing) 하기

2
바삭하고 고소한
소카랏(Socarrat) 만들기

고기나 해산물 등을 볶은 후 팬 바닥에 눌어붙은 갈색의 풍미 가득한 잔여물에 와인을 붓거나 수분감 있는 재료를 넣고 주걱으로 긁어내며 녹이는 과정이다. 빠에야에 육수를 넣기 전, 재료를 볶으면서 이 과정을 반드시 해야 한다.

- 풍미 증진 : 재료를 볶으면서 생긴 풍부한 맛과 향을 팬 바닥에 그대로 남겨두지 않고, 육수에 완전히 흡수시켜 빠에야 전체의 맛을 깊고 복합적으로 만든다. 빠에야의 깊은 감칠맛은 이 디글레이징 과정에서 상당 부분 나온다.

- 재료의 맛 극대화 : 닭고기나 해산물 등 주재료의 풍미를 최대한 활용하여 요리 전체의 퀄리티를 높인다.

- 팬 청소 효과 : 팬 바닥을 깨끗하게 해주며 이는 쌀의 고른 조리를 위한 필수 과정이다.

우리나라의 누룽지와 같은 개념으로, 빠에야의 핵심이자 많은 사람들이 가장 좋아하는 부분이다. 소카랏은 쌀의 전분이 팬 바닥에 직접 닿아 높은 온도에서 캐러멜화되고 수분이 증발하면서 바삭하게 굳어지는 현상이다.

- 넓고 얕은 팬 : 소카랏은 쌀이 팬 바닥에 넓게 닿아야 잘 생긴다. 빠에야 전용 팬(Paellera)처럼 넓고 얕은 팬이 가장 이상적이다.

- 균일한 열원 : 장작불이 아닌 가정에서는 팬의 밑면이 화구 사이즈를 넘지 않는 것이 좋다. 팬이 너무 크면 열이 고르게 전달되지 않아 소카랏이 부분적으로만 생기거나 타버릴 수 있다.

- 마지막 센 불 : 육수가 거의 졸아들어 마지막 수분이 거의 날아갔을 때 센 불로 올려 약 10초 정도 바닥에 열을 가해 쌀이 눌어붙도록 한다.

Paella de Marisco

빠에야 데 마리스코

한국인들에게 가장 친숙한 스페인 요리
해산물 빠에야

스페인 사람들의 마음속에, 1인분 또는 2인분 빠에야는 존재하지 않습니다.
빠에야는 가족과 친구들이 모여 함께 나누는 휴일의 음식이자
축제의 주인공이기 때문입니다. 여름을 예외 없이 바다에서 보내는
스페인 사람들에게 빠에야는 더욱 특별한 존재입니다.
해산물 가득한 대형 빠에야 팬은 그 자체로
여름휴가의 낭만이자 잊을 수 없는 추억이 됩니다.

※ 스페인어로 '마리스코(Marisco)'는 '해산물'을 뜻합니다.

 4인분(윗면 지름 46cm 크기의 팬 1개 분량)

- ☐ 쌀 2와 1/2컵(400g)
- ☐ 갑오징어 살 400g(손질 후 무게)
- ☐ 새우 8~10마리
- ☐ 양파 1/2개
- ☐ 마늘 4쪽
- ☐ 사프란 30가닥

- ☐ 해물육수(35쪽) + 홍합육수 총 6컵(1.2ℓ)
- ☐ 올리브유 1/2컵(100㎖)
- ☐ 피멘톤 2작은술
- ☐ 살모레타 5큰술(44쪽)
- ☐ 소금 약간
- ☐ 가니시용 다진 파슬리 약간

홍합찜

- ☐ 홍합 500g
- ☐ 화이트와인 1/2컵 (또는 물, 생략 가능)
- ☐ 레몬즙 1/2개분(2큰술, 생략 가능)

해산물 빠에야를 만들 때 토핑이 과도하게 많으면 쌀의 익힘 정도나 균일성이 맞지 않아 제대로 조리가 안 될 수 있다. 그래서 현지에서는 해산물 토핑이 지나치게 풍성한 빠에야를 오히려 '나쁜 빠에야' 또는 '관광객용 빠에야'로 보기도 한다.

How to Cook

1. 홍합은 지저분한 것들을 제거하고 깨끗하게 씻은 후 냄비에 화이트와인, 레몬을 함께 넣고 센 불에서 홍합 껍질이 벌어질 때까지 찐다. 이때 나온 육수는 해물육수에 더한다. 냄비에 육수를 넣고 불에 올려 뜨겁게 데운다.

2. 양파와 마늘은 다진다. 갑오징어는 사방 1cm 크기로 썰고, 새우는 수염과 다리를 가위로 정리한다. 사프란물(87쪽)을 준비한다.
   ……… 새우와 오징어는 조리 전에 키친타월을 이용해 물기를 충분히 제거한다.

3. 예열한 팬에 올리브유를 팬 가장자리부터 안쪽으로 원을 그리며 둘러 팬 바닥을 덮을 정도로 넣는다. 올리브유가 충분히 뜨거워지면 새우를 넣어 양면 껍질이 노릇하게 색이 날 때까지 중강 불에서 구운 후 덜어둔다. 이때 팬에 남은 찌꺼기(수염 등)는 타서 쓴 맛을 낼 수 있으므로 건져낸다.

4. 갑오징어를 넣고 소금 간을 한 후 중강 불에서 수분을 완전히 날리면서 색이 날 때까지 충분히 볶는다.

5. 갑오징어를 팬 가장자리로 밀어놓고 다진 양파와 마늘을 넣어 주걱으로 눌어붙은 팬 바닥을 양파의 수분으로 불려 긁으면서 투명해질 때까지 볶는다.
   ……… 각 과정의 디글레이징이 중요하며, 전 단계에서 생성된 맛 성분을 끌어내며 조리한다.

6. 약한 불로 낮춰 피멘톤을 넣고 살짝 볶은 후 살모레타를 넣고 중간 불로 올려 소스를 볶는다. 쌀을 넣고 모든 재료가 잘 섞이도록 30초~1분 정도 볶는다.

7. 뜨겁게 데운 육수를 80~90% 분량만 넣고 주걱으로 쌀을 고르게 편다.
   ……… 육수가 차가우면 쌀알이 깨져 원하는 질감을 얻을 수 없다.

8. 소금, 사프란물을 넣고 팬을 좌우로 흔들며 재료와 쌀을 골고루 펼치고 센 불로 올려 육수를 끓인다. 끓어오르면 중강 불에서 4~5분간 조리한다.
   ……… 로즈마리를 넣는 경우 이때 5분간 넣었다가 꺼낸다.

9. 중간 불로 낮춰 5~6분, 약한 불로 낮춰 6~7분간 조리한다. 육수가 부족하면 추가한다.

10. 새우, 홍합을 올린 후 눈에 보이는 수분이 모두 증발하고 쌀이 약 90% 익은 정도의 질감이 되면 불을 끄고 뚜껑이나 쿠킹포일을 덮어 약 5분간 뜸 들인다.
    ……… 익히지 않은 해산물은 육수가 충분히 남아 있을 때 올린다.
    ……… 이때 쌀에 윤기가 돌고 고른 식감을 가져야 한다.

11. 센 불에 올리고 10초 정도 바닥에 열을 가해 소카랏을 만든다. 다진 파슬리를 올리고 팬을 그대로 서빙한다.

Paella Valenciana

빠에야 발렌시아나

발렌시아의 정수, 황금빛 풍미
발렌시아식 전통 빠에야

발렌시아 빠에야는 스페인 발렌시아 지역의 전통적인 쌀 요리로,
닭, 토끼, 달팽이, 토마토, 흰콩 등을 주재료로 사용합니다.
이 지역은 늪과 습지가 발달해 벼농사에 이상적인 환경을 갖추고 있으며,
이슬람의 영향으로 전파된 쌀과 논밭에 물을 대는 관개기술 덕분에
스페인 최대의 곡창지대가 되었습니다. 빠에야는 전통적으로 사프란을 넣어
황금빛 색을 내고, 넓은 팬에 재료를 펼쳐
한 번에 조리하는 것이 특징입니다.
장작불에 조리하며, '소카랏(Socarrat)'이라고 하는
바삭한 바닥 누룽지 역시 중요한 맛의 포인트입니다.

 2인분(윗면 지름 32.5cm 크기의 팬 1개 분량)

- ☐ 쌀 약 1컵(180g)
- ☐ 닭고기 500g
- ☐ 줄기콩 200g
- ☐ 토마토 1개
- ☐ 마늘 2쪽
- ☐ 버터빈 통조림 100g
  (또는 익힌 흰 강낭콩)
- ☐ 사프란 15가닥
- ☐ 피멘톤 1과 1/2작은술
- ☐ 닭육수 약 2와 3/4컵(540mℓ, 35쪽)
- ☐ 올리브유 약 1/4컵(60mℓ)
- ☐ 소금 약간
- ☐ 로즈마리 약간(생략 가능)

야외에서 조리하거나 특히 큰 팬이라면 팬의 수평을 미리 맞춰 놓고 조리를 시작한다.
마른 팬의 가운데에 물을 부어보면 어느 쪽으로 기울었는지 확인할 수 있다.

How to Cook

1 줄기콩은 양끝을 자른 후 손가락 두 마디 길이로 썬다. 토마토는 반으로 썰어 강판에 갈고, 마늘은 다진다. 버터빈 통조림은 체에 밭쳐 물기를 제거한다.
……… 현지에서는 버터빈 대신 가로폰(Garrofón)이라는 발렌시아의 특산물 콩을 사용한다.

2 닭고기는 키친타월에 올려 물기를 완전히 제거한다. 사프란물(87쪽)을 준비한다. 냄비에 육수를 넣고 불에 올려 뜨겁게 데운다.

3 예열한 팬에 올리브유를 팬 가장자리부터 안쪽으로 원을 그리며 둘러 팬 바닥을 덮을 정도로 넣는다.

4 팬이 충분히 뜨거워지면 닭고기를 껍질 면이 아래로 가게 넣어 중강 불에서 바삭해질 때까지 굽는다. 앞뒤로 소금을 뿌려 넉넉히 간한다.
……… 닭 껍질에서 기름이 충분히 나와야 맛있다.

5 닭고기를 가장자리로 옮기거나 그릇에 덜어둔다. 줄기콩을 넣고 중강 불에서 색이 나도록 충분히 볶은 후 버터빈을 넣어 가볍게 볶고 소금 간을 한다.
……… 버터빈은 이미 익었기 때문에 오래 볶지 않아도 된다.

6 중약 불로 낮춰 다진 마늘, 피멘톤을 넣어 가볍게 볶은 후 토마토 간 것을 넣어 주걱으로 눌어붙은 팬 바닥을 토마토의 수분으로 긁으면서 섞는다.

7 중강 불로 올려 토마토의 수분을 날려가며 재료들과 섞이도록 볶은 후 소금 간을 한다.

8 뜨겁게 데운 육수를 80~90% 정도 붓고 쌀을 넣어 잘 펼친 후 소금, 사프란물을 넣고 팬을 흔들며 섞는다. 나머지 육수는 상황에 맞게 추가한다.

9 구운 닭고기를 넣고 센 불로 올려 육수가 끓어오르면 중간 불에서 5~6분간 끓인다.
……… 로즈마리를 넣을 경우 이 과정에서 3~4분간 넣었다가 뺀다. 로즈마리는 향이 매우 강해 현지에서도 호불호가 갈리는 재료이므로 짧게 조리하는 것을 추천한다.

10 약한 불로 낮춰 눈에 보이는 수분이 모두 증발하고 쌀이 약 90% 정도 익을 때까지 6~7분간 끓인다. 육수가 부족하면 추가하며 조리한다.
……… 가정에서 조리할 경우 조리 시간이 더 길어질 수 있다.

11 불을 끄고 뚜껑이나 쿠킹포일을 덮어 약 5분간 뜸 들인다.
……… 이때 쌀에 윤기가 돌고 고른 식감을 가져야 한다.

12 센 불로 올려 10초 정도 바닥에 열을 가해 소카랏을 만든다. 팬을 그대로 서빙한다.

Arroz meloso de Marisco

아로스 멜로소 데 마리스코

냄비에서 손쉽게 만드는 국물 빠에야
스페인식 해물밥

스페인 해안 지역에서 유래한 이 해물밥은 빠에야보다 부드럽고 크리미한 질감을 자랑합니다. 해산물의 신선한 풍미와 쌀의 부드러운 식감을 동시에 즐길 수 있어 현지인들의 많은 사랑을 받는 메뉴입니다. 물론 산악 지역으로 가면 닭, 돼지, 토끼 등 다양한 육류를 활용한 버전도 존재합니다. 일상에서는 빠에야보다 훨씬 자주 조리하는데요, 넓은 팬을 사용하는 빠에야와 달리 냄비와 가정용 화구로 1~2인분도 손쉽게 만들 수 있기 때문입니다.

※ 스페인어로 '아로스(Arroz)'는 '쌀', '마리스코(Marisco)'는 '해산물'을 뜻합니다.

 2인분

- ☐ 쌀 1컵(160g)
- ☐ 새우 10~15마리(400g)
- ☐ 미니 오징어 250g(손질 후 무게, 또는 갑오징어나 오징어, 아귀살)
- ☐ 양파 3/4개(150g)
- ☐ 마늘 1~2쪽
- ☐ 살모레타 3큰술(44쪽)
- ☐ 올리브유 약간
- ☐ 해물육수 약 3과 1/2컵 (700㎖, 35쪽)
- ☐ 사프란 15가닥(생략 가능)
- ☐ 소금 약간

쌀을 장립종(바스마티 등)으로 사용하고 마지막에 고수와 다진 마늘을 추가하면
또 다른 느낌으로 포르투갈식 해물밥을 즐길 수 있다.

How to Cook

1   새우 머리는 양손으로 비틀거나 가위를 이용해 분리하고 이쑤시개로 두 번째 마디의 내장을 제거한 후 껍질을 벗겨 머리, 껍질, 살을 따로 둔다.

2   미니 오징어는 물기를 제거한 후 한입 크기로 썰고, 양파, 마늘은 다진다. 사프란물(87쪽)을 준비한다. 큰 냄비에 육수를 넣고 불에 올려 데운다.
        ⋯⋯ 새우와 함께 스페인에서 비교적 구하기 쉬운 미니 오징어(Chipirones)를 사용했다. 갑오징어, 오징어, 문어, 아귀살, 참치 등의 재료로 대체 가능하다. 또한 조개나 가리비, 관자 등을 추가할 수 있다.

3   예열한 냄비에 올리브유를 넉넉히 두르고 새우 머리와 껍질을 넣어 중강 불에서 새우 머리 양면을 30초씩 굽는다. 약한 불로 낮춰 주걱으로 새우 머리를 으깨면서 내장을 뽑아낸다.
        ⋯⋯ 이때 올리브유의 양이 충분해야 내장이 타지 않는다.

4   새우 머리와 껍질을 건져 ②의 육수에 넣는다.

5   ③에서 쓴 냄비에 올리브유를 조금 더 두르고 다진 양파를 넣은 후 중간 불에서 냄비에 남은 새우의 맛을 입히며 볶는다.

6   양파가 어느 정도 익으면 다진 마늘을 넣고 색이 날 때까지 볶는다.

7   미니 오징어를 넣고 소금 간을 한 후 중강 불에서 오징어의 수분이 날아가고 겉이 노릇하게 색이 날 때까지 충분히 볶는다. 올리브유가 부족하면 추가한다.

8   살모레타를 넣고 중간 불에서 수분이 없어질 때까지 볶는다.

9   쌀을 넣고 중간 불에서 30초~1분간 잘 섞으면서 볶는다.

10   ④의 뜨거운 육수 절반, 사프란물을 넣고 잘 섞은 후 소금 간을 하고 센 불로 올린다.
        ⋯⋯ 육수의 염도에 따라 소금 양은 조절한다. 육수가 졸여지는 것을 감안해 짜지 않게 주의한다.
        ⋯⋯ 조리 시간은 쌀의 종류와 용기에 따라 달라질 수 있다.

11   육수가 끓어오르면 중간 불~중강 불에서 약 10분간 끓인 후 중약 불~중간 불로 낮춰 남은 육수를 조금씩 추가하면서 5~6분간 조리한다. 바닥에 쌀이 눌어붙지 않게 자주 젓는다.

12   쌀의 질감과 소금 간을 확인하고 새우살을 넣어 섞으면서 중약 불에서 2~3분간 익힌다.
        ⋯⋯ 완성되면 쌀은 리소토와 비슷한 느낌이 난다.

13   그릇에 담고 기호에 따라 파슬리, 레몬 등을 곁들인다.
        ⋯⋯ 식당에서 주문하면 보통 냄비째로 나오고 각자 개인 접시에 국자로 퍼서 나누어 먹는다.

Olleta Alicantina

오예타 알리칸티나

콩과 채소로 맛있게 만든 비건 쌀 요리
알리칸테식 국물밥

몇 해 전 알리칸테 출장 중, 갑작스레 내린 비를 피해
우연히 들어가게 된 허름한 식당. 메뉴 이름도 모른 채
요일 특선을 주문했더니 처음 보는 국물 요리가 나왔습니다.
쌀쌀한 날씨에 허한 몸을 달래주던 그 한 그릇.
채소와 콩만으로도 너무 맛있어서 출장 복귀 후 바로 만들어봤던
기억이 납니다. 개인적으로는 비가 올 때면
종종 생각나는 메뉴입니다.

※ 스페인어로 '오예타(Olleta)'는 '작은 솥 또는 냄비'를 뜻합니다.

 4인분 / 흰 강낭콩, 렌틸콩 하룻밤 불리기

- ☐ 쌀 약 1컵(150g)
- ☐ 흰 강낭콩 200g(불리기 전 무게)
- ☐ 렌틸콩 100g(불리기 전 무게)
- ☐ 무 300g(두께 2~3cm 정도 크기)
- ☐ 감자 약 1과 1/2개(300g)
- ☐ 단호박 약 1/2개(300g)
- ☐ 근대 400g
- ☐ 양파 약 1과 1/2개(250g)
- ☐ 마늘 3쪽
- ☐ 물 12와 1/2컵(2.5ℓ)
- ☐ 피멘톤 1과 1/2작은술
- ☐ 올리브유 3~4큰술
- ☐ 소금 약간

기호에 따라 육류를 추가해도 좋은데, 다짐육은 양파 볶는 과정에 넣어 함께 조리한다.
현지에서는 돼지 갈비나 모르시야 등의 소시지를 넣기도 한다.

How to Cook

1. 흰 강낭콩과 렌틸콩은 각각 넉넉한 물에 담가 하룻밤 불린다.

2. 무, 감자, 단호박은 한입 크기로 썬다. 근대는 줄기 끝부분을 제거하고 적당한 크기로 썬다. 양파, 마늘은 다진다.

3. 압력솥에 물(12와 1/2컵), 흰 강낭콩, 소금 2~3작은술을 넣고 뚜껑을 덮은 후 센 불로 가열한다.

4. 압력이 올라 추가 흔들리면 약한 불로 낮춰 10분간 끓인 후 불을 끄고 5분간 뜸 들인다.

5. 김이 다 빠지면 뚜껑을 열고 렌틸콩, 감자, 무를 넣고 다시 뚜껑을 닫은 후 센 불로 가열한다.

6. 압력이 올라 추가 흔들리면 약한 불에서 10분간 조리한 후 불을 끄고 5분간 뜸 들인다.

7. 팬에 올리브유를 넉넉히 두르고 다진 양파를 넣어 중강 불에서 볶는다. 투명해지면 중간 불로 낮춰 색이 날 때까지 10분 이상 충분히 볶는다.

8. 소금 간을 하고 중약 불에서 다진 마늘, 피멘톤을 넣고 가볍게 볶은 후 불을 끈다.

9. 김이 다 빠지면 열어 소금 간을 확인하고 ⑧, 쌀, 단호박, 근대를 넣은 후 다시 뚜껑을 덮고 센 불에 올린다.

10. 압력이 오르면 약한 불로 낮춰 5분간 조리하고 불을 끈 후 5분간 뜸 들인다.

11. 김이 다 빠지면 뚜껑을 열고 소금 간을 최종 확인 후 그릇에 담고, 올리브유를 충분히 두른다.

Chef's Note

- 콩과 채소는 취향에 따라 다양하게 활용 가능하다. 단, 각 재료의 특성에 맞게 익히는 단계와 시간을 조절하는 것이 중요하다.

- 양파를 볶을 때 뇨라 페이스트, 토마토, 사프란 등을 추가할 수 있다.

- 압력솥을 사용하면 가장 효과적으로 조리할 수 있다. 일반 냄비는 시간이 너무 오래 걸리기 때문에 추천하지 않는다.

- 물로만 조리해도 충분하지만, 육수를 섞어 쓰거나 치킨스톡, 코인육수 등을 넣으면 감칠맛을 높일 수 있다.

Chapter
4

올리브유 듬뿍,
지중해
햇살을 닮은

채소 요리

" 유럽에서도 손꼽히는 농업 강국인 스페인. 다양한 기후의 전국 각지에서 모인 제철 채소들을 구경하는 재미로 저는 특별한 이유 없이도 매일 시장을 방문합니다.

지중해 식단의 핵심 철학은 바로 신선한 채소와 자연 그대로의 재료를 활용하는 것입니다.

좋은 재료만 있다면 복잡한 양념이나 조리 없이도 충분히 맛있고 건강한 한 접시가 완성됩니다. 올리브유에 식초만 있어도 훌륭한 저의 최애 채소 요리들을 만나보세요. "

Gazpacho

가스파초

차가운 채소 수프의 대명사
가스파초

아프리카 대륙과 맞닿아 있는, 가스파초의 고향 안달루시아 지방.
한여름에 45℃까지도 올라가는 뜨거운 여름을 나기 위한 차가운 수프들이
발달했습니다. 그중 가장 맏형격이라고 할 수 있는 가스파초는
채소를 생으로 갈아 재료의 신선함이 그대로 전해지는
'갈아 마시는 샐러드'입니다. 여기에 엑스트라 버진 올리브유,
셰리와인식초와 마늘의 향으로 살짝 킥을 더하면 예상을
뛰어넘는 맛을 경험하게 됩니다. 한여름 찬물 샤워 후 즐기는
가스파초 한 잔, 그 짜릿한 건강함을 느껴보시길!

 3~4인분 / 완성 후 3~4시간 차게 식히기

- ☐ 완숙 토마토 3과 1/2개
- ☐ 방울토마토 약 20개(300g)
- ☐ 오이 1/3개
- ☐ 양파 1/4개
- ☐ 빨간파프리카 1/2개
- ☐ 청피망 1/2개
- ☐ 마늘 1쪽
- ☐ 셰리와인식초 약 1/4컵(45㎖) + 약간
  (또는 화이트와인식초)
- ☐ 소금 1큰술 + 약간
- ☐ 올리브유 약 1/3컵(80㎖) + 약간
- ☐ 가니시용 채소 약간
  (또는 허브, 생략 가능)

How to Cook

1 토마토는 크기에 따라 4~8등분하고, 방울토마토는 반으로 썬다.
   오이는 필러로 껍질을 벗긴 후 길게 반을 갈라 가운데 씨를
   티스푼으로 긁어낸다. 나머지 채소들도 토마토와 비슷한 크기로 썬다.
   ……… 채소 일부를 남겨 두었다가 잘게 썰어 가니시로 사용해도 좋다.

2 믹서에 토마토를 넣고 간 후 나머지 채소, 마늘, 식초(45㎖), 소금(1큰술)을
   넣고 곱게 간다.
   ……… 토마토를 먼저 주스로 만들고 나면 나머지 다른 재료들을 더 쉽게 갈 수 있다.
   뻑뻑해서 잘 갈리지 않는다면 주걱으로 토마토를 눌러가며 믹서를 작동한다.

3 믹서의 저속으로 돌리면서 천천히 올리브유(80㎖)를 부어가며 잘 섞는다.
   이때 간을 보고 기호에 맞게 식초(약간), 소금(약간), 올리브유(약간) 등을
   추가한다.
   ……… 적절하게 간을 해야 토마토의 감칠맛이 충분히 올라온다.

4 ③을 체에 거른 후 유리병이나 밀폐용기에 담아 최소 3~4시간에서
   하룻동안 냉장실에서 충분히 차게 식힌다.
   ……… 체에 내릴 때 국자로 회전하듯 눌러가며 내리면 좋다.

5 주스처럼 컵에 담아 마시거나 그릇에 담아 숟가락으로 떠먹는다.
   ……… ①에서 준비한 채소를 가니시로 올리거나 올리브유만 살짝 둘러도 좋다.
   취향에 따라 민트, 바질 등의 허브를 곁들여도 된다.

과일과 채소를 갈아 만든 냉수프를 '가스파초'라고 표현하는 경우도 있지만,
가스파초는 토마토를 기본으로 해야 한다고 생각한다.
다른 주재료를 사용할 경우,
토마토와 주재료의 비율은 2:8 또는 3:7 정도로 맞추는 것이 좋다.

❶ 다양한 과일 믹스를 활용한 가스파초 ❷ 수박 가스파초 ❸ 체리 가스파초

Chef's Note

- 베이스가 되는 완숙 토마토로 수분감을, 방울토마토로 단맛을 추가했다. 토마토는 한 종류만 사용하거나 계절에 따라 대저 토마토 등을 사용하면 좋다.

- 토마토가 베이스인 음식은 소금 간이 충분히 되어야 감칠맛을 제대로 끌어올릴 수 있다.

- 체에 걸러낸 가스파초 찌꺼기는 모아서 달걀찜 등 다른 요리에 활용할 수 있다. 각종 볶음 요리나 찌개에도 잘 어울린다.

- 향신료로 큐민파우더, 건오레가노, 피멘톤 등을 추가하면 독특하고 이국적인 풍미를 더할 수 있다.

- 모던한 메뉴를 선보이는 대도시의 레스토랑에서는 토마토를 베이스로 딸기, 수박, 체리, 멜론, 비트 등 다양한 과일과 채소를 활용해 새로운 색감과 맛, 향을 가진 가스파초를 선보이기도 한다.

- 가스파초는 식사용으로 다양하게 활용할 수 있다. 면을 곁들여 냉라멘이나 냉파스타를 만들거나, 물회나 세비체처럼 새우, 오징어, 흰살 생선 등을 해산물과 조합해 여름 전채로 즐길 수 있다. 또한 타바스코나 매운 고추, 고수를 더해 독특한 킥을 줄 수도 있다.

- 스모크드 가스파초(Smoked Gazpacho), 그릴드 가스파초(Grilled Gazpacho)처럼 재료에 훈연 향을 입히거나 구운 풍미를 살려 새로운 버전으로 즐길 수도 있다.

- 스모크드 가스파초(Smoked Gazpacho), 그릴드 가스파초(Grilled Gazpacho)처럼 재료에 훈연 향을 입히거나 구운 풍미를 살려 새로운 버전으로 즐길 수도 있다.

- 가스파초와 살모레호(114쪽)의 공통점 & 차이점 비교하기
  ① 공통점 : 둘 다 스페인 남부 안달루시아 지방에서 유래한 대표적인 차가운 수프로 토마토를 베이스로 한다.
  ② 차이점 : 가스파초는 토마토 + 채소를 베이스로 하며, 컵에 담아 마실 수 있을 정도로 묽고 가볍다. 살모레호는 빵과 오일의 비중이 높아 가스파초보다 훨씬 되직하고 크리미해서 반드시 숟가락으로 떠먹어야 한다. 하몬 롤돈까스(230쪽)처럼 소스로 활용하기도 한다.

Salmorejo

살모레호

토마토 수프를 가장 맛있게 먹는 방법
살모레호

매년 여름이면 한국을 방문해 다양한 팝업을 진행합니다.
지금까지 많은 식당들에서 콜라보 행사를 하면서, 항상 다른 메뉴와 콘셉트를
기획했지만 한 번도 빠지지 않았던 유일한 메뉴가 바로 이 살모레호입니다.
재료도 특별한 것이 없는데 항상 완판을 기록했던 인기 비결은
당연히 '맛'이겠지요.

 3~4인분 / 완성 후 3~4시간 차게 식히기

- ☐ 완숙 토마토 3과 1/2개
- ☐ 방울토마토 약 20개(300g)
- ☐ 마늘 1쪽
- ☐ 식빵 2장
- ☐ 하몬 15g(또는 햄, 프로슈토 등)
- ☐ 삶은 달걀 1개
- ☐ 셰리와인식초 2큰술(30㎖) + 약간 (또는 화이트와인식초)
- ☐ 소금 1큰술 + 약간
- ☐ 올리브유 3/4컵(150㎖) + 약간
- ☐ 설탕 약간(생략 가능)
- ☐ 가니시용 허브 약간(생략 가능)

클래식 버전의 가니시는 삶은 달걀과 하몬을 올리는 것이다.
하몬 대신 각종 햄, 프로슈토, 베이컨 등으로 대체할 수 있다.

How to Cook

1. 토마토는 꼭지를 제거하고 크기에 따라 4~8등분하고, 방울토마토는 반으로 썬다.
식빵은 테두리를 자른다. 하몬과 삶은 달걀은 잘게 다진다.

2. 믹서에 토마토, 마늘을 넣고 간다.
    ……… 토마토를 먼저 주스로 만들고 나면 나머지 다른 재료들을 더 쉽게 갈 수 있다.
    뻑뻑해서 잘 갈리지 않는다면 주걱으로 토마토를 눌러가며 믹서를 작동한다.

3. ②에 식빵이 충분히 잠기도록 약 5분간 놓아 두었다가 마늘, 식초(30㎖), 소금(1큰술)을 넣고 곱게 간다.

4. 믹서의 저속으로 돌리면서 올리브유(150㎖)를 천천히 부어가며 잘 섞는다.
이때 간을 보고 기호에 맞게 식초(약간), 소금(약간), 올리브유(약간), 설탕을 추가한다.

5. 체에 거른 후 유리병이나 밀폐용기에 담아 냉장실에서 충분히 차갑게 식힌다.
    ……… 체에 내릴 때 국자로 회전하듯 눌러가며 내리면 좋다.

6. 그릇에 수프를 담고 ①의 하몬, 삶은 달걀을 올리고 올리브유(약간)를 두른다.
취향에 따라 허브를 곁들인다.

Chef's Note

- 베이스가 되는 완숙 토마토로 수분감을, 방울토마토로 단맛을 추가했다.
토마토는 한 종류만 사용하거나 계절에 따라 대저토마토 등을 사용하면 좋다.

- 토마토가 베이스인 음식은 소금 간이 충분히 되어야 감칠맛을 제대로 끌어올릴 수 있다.

- 빵이나 오일을 가감하여 농도와 텍스처를 조절할 수 있다.

- 전날 또는 최소 3~4시간 이상 냉장실에서 충분히 차게 해서 먹으면 더 맛있다.

- 마른 팬에 구워 식힌 아몬드, 헤이즐넛 등 견과류를 추가하면 고소한 맛이 더욱 강조된다.

- 만약 조금 더 되직하게 만들면 소스처럼 사용할 수도 있다. 실제로 가지 튀김에 케첩 대신 소스처럼 제공하는 식당도 종종 있다. 또한 마요네즈에 섞어 또 다른 소스로 활용할 수도 있다.

요거트, 레몬즙, 올리브유를 섞어 소스처럼 만들고, 그 위에 생모짜렐라, 파슬리, 하몬을 함께 올렸다

+ Recipe

비트 살모레호
Salmirejo de Remolacha

현지의 모던한 레스토랑에서 심심치 않게 볼 수 있는, 비트의 단맛과 색감이 매력적인 비트 살모레호도 한 번 만들어 보겠습니다.

 3~4인분

- ☐ 삶은 비트 750g
- ☐ 비트 삶은 국물 약 1/4컵(50g)
- ☐ 완숙 토마토 약 2개(250g)
- ☐ 마늘 1/2쪽
- ☐ 플레인 요거트 3큰술(30g)
- ☐ 셰리와인식초 1과 1/3큰술(20㎖) + 약간(또는 화이트와인식초)
- ☐ 소금 1큰술 + 약간
- ☐ 올리브유 1/4컵(50㎖) + 약간
- ☐ 가니시용 요거트, 레몬즙, 하몬 생모짜렐라치즈, 파슬리 약간(생략 가능)

How to Cook

1   비트는 한입 크기로 썬다. 토마토는 4~8등분한다.

2   믹서에 비트를 넣고 간다.

3   ②에 비트 삶은 국물, 토마토, 마늘, 요거트, 식초(20㎖), 소금(1큰술)을 넣고 곱게 간다.

4   믹서의 저속으로 돌리면서 올리브유(50㎖)를 천천히 부어가며 잘 섞는다. 이때 간을 보고 기호에 맞게 식초(약간), 소금(약간), 올리브유(약간)을 추가한다.

5   체에 거른 후 유리병이나 밀폐용기에 담아 냉장실에서 충분히 차게 보관한다.

      ········ 체에 내릴 때 국자로 회전하듯 눌러가며 내리면 좋다.

6   그릇에 수프를 담고 취향에 따라 가니시를 올린 후 올리브유(약간)를 두른다.

Chef's Note

- 심혈관 건강에 좋은 비트는 껍질째 조리한다.

- 가스파초 등 냉수프 계열의 요리는 소금 간과 산도가 명확해야 그 매력을 충분히 즐길 수 있다.

- 비트 살모레호는 가니시로 요거트, 치즈(마스카포네, 리코타, 모짜렐라 등)를 올려도 잘 어울린다.

Asadillo Manchego
아사디요 만체고

스페인 시골 농가를 닮은
라만차식 파프리카 샐러드

친구네 시골집에 방문했던 날, 농장에서 얻어 온 파프리카와 토마토로
만든 샐러드입니다. 마드리드 근교 투어로 많이 방문하는
라만차 지방의 수도 톨레도(Toledo)에 가면 꼭 먹고 오는 음식이지요.
스페인 최대 밭농사 지역인 라만차 지방은 저에게 스페인에서
가장 '시골스러운' 동네입니다. 지역 특산물인 파프리카와 토마토의 조합,
생마늘과 큐민의 터치가 훌륭한 스페인 시골 농가 느낌의 샐러드,
꼭 한 번 맛보시면 좋겠습니다.

※ 스페인어로 '아사디요(Asadillo)'는
  '불에 구운 재료를 잘게 썰어 만든 요리'를 뜻합니다.

 2~3인분 / 완성 후 4~5시간 냉장 숙성하기

- ☐ 빨간파프리카 3개
- ☐ 토마토 2개
- ☐ 마늘 2~3쪽
- ☐ 삶은 달걀 1~2개
- ☐ 큐민파우더 1작은술
- ☐ 셰리와인식초 2큰술
  (또는 화이트와인식초)
- ☐ 올리브유 약간
- ☐ 소금 약간
- ☐ 가니시용 올리브절임 약간
  (생략 가능)
- ☐ 가니시용 다진 허브 약간
  (파슬리, 타임 등, 생략 가능)

빵, 올리브절임, 통조림 참치 등을 곁들이면 현지의 느낌을 더 살릴 수 있다.

How to Cook

1　마늘은 다진 후 가니시용으로 1/2큰술 정도를 덜어둔다.

2　토마토 윗면에 열십자로 칼집을 내고 끓는 물에 넣어 10초, 뒤집어서 10초간 데친 후 건진다. 껍질을 벗기고 한 김 식혀 사방 2~3cm 크기로 썬다.

3　빨간파프리카의 겉면을 가스레인지의 불이나 토치로 까맣게 태운다.
……… 파프리카는 오븐이나 에어프라이어로 조리할 수 있다(로메스코소스 42쪽 참고).

4　랩을 씌우거나 밀폐용기에 담아 20~30분간 놓아두었다가 키친타월로 문지르면서 껍질을 벗긴다.
……… 흐르는 물에 씻을 경우 맛과 향이 날아가므로 가급적 물을 사용하지 않는다.

5　파프리카의 씨를 제거하고 한입 크기로 썬다. 이 때 나오는 국물들은 버리지 말고 잘 모은다. 삶은 달걀은 길게 4등분한다.

6　센 불에서 예열한 팬에 기름을 두르지 않고 ②의 토마토, 소금을 넣고 토마토에서 물이 나올 때까지 천천히 저으면서 익힌다.

7　중간 불로 줄이고 토마토가 자연스럽게 뭉개지면서 수분이 절반 정도 졸아들면 ⑤의 파프리카를 넣고 잘 섞는다.

8　수분이 거의 졸아들면 불을 끄고 식힌 후 다진 마늘, 큐민파우더, 셰리와인식초, 올리브유, 소금을 넣고 잘 섞어 냉장실에서 4~5시간 차갑게 보관한다.

9　그릇에 담고 다진 마늘, 삶은 달걀, 다진 허브를 올린 후 올리브유를 두른다.

Chef's Note

☀　파프리카의 겉을 완전히 까맣게 태우면 풍미와 단맛이 올라가고 껍질이 쉽게 벗겨진다.

☀　냉장실에서 완전히 차갑게 식힌 후 구운 빵 위에 올려 먹으면 맛있다.

Escalivada

에스칼리바다

지중해의 햇살을 머금은 채소 요리
카탈루냐식 채소 오븐구이

바르셀로나 유학 시절, 요리 학교에서 운영하는 식당에서 실습을 하며
요리사의 꿈을 키웠습니다. 이때 메인 디시인 고기나 생선의 곁들임 재료로
가장 많이 준비했었던 것이 바로 카탈루냐식 채소구이였습니다.
오븐에서 피망, 가지, 양파를 통으로 구워 껍질만 벗기면 준비는 끝이랍니다.
재료도 조리법도 간단하지만, 구운 채소의 풍미와 달콤함이
참 매력적인 채소 요리입니다.

※ '카탈루냐(Cataluña)'는 스페인의 광역 자치주 중 하나로
   수도는 바르셀로나입니다.

3~4인분

- ☐ 가지 1개
- ☐ 양파 2개(또는 적양파)
- ☐ 피망 2개(또는 파프리카)
- ☐ 마늘 1통
- ☐ 올리브유 약간
- ☐ 소금 약간
- ☐ 후춧가루 약간
- ☐ 가니시용 파슬리 약간

 스페인의 집밥 이야기

우리집만의 채소 오븐구이 활용법

① 엑스트라 버진 올리브유, 셰리와인식초, 소금, 구운 마늘 퓌레 으깬 것 버무려 스프레드처럼 빵에 발라 먹기
② 스페인식 오믈렛(60쪽), 햄 크로켓(80쪽) 속재료로 활용하기
③ 볶음밥이나 리소토 베이스로 활용하기
④ 버터 간장밥에 넣어 함께 비벼 먹기

토스트한 빵에 구운 채소를 올리고 앤초비, 치즈, 하몬, 고추피클 등 다양한 토핑을 할 수 있다. 보통은 차게 해서 먹지만 데워 먹어도 맛있고 생선이나 고기 요리의 곁들임으로 특히 좋다

※ 사진은 3배수로 조리한 것입니다.

가지, 파프리카는 손으로 길게 찢어서 올리는 것이 전통적인 방법이다.
바르셀로나에 가면 채소 오븐구이 베이스에
소시지, 앤초비, 통조림 정어리 등을 올린 '카탈란 피자(Coca de recapte)'가 유명하다.

How to Cook

1　오븐은 200℃로 예열한다. 채소들은 잘 씻어서 물기를 제거한 후 오븐 트레이에 올리고 올리브유를 붓 또는 손으로 마사지하듯 골고루 바른다.

2　트레이를 오븐의 제일 윗칸에 넣고 약 50분간 굽는다. 피망과 가지는 중간에 한번 뒤집는다. 가지는 젓가락으로 찔렀을 때 부드럽게 들어가고, 피망은 쭈글쭈글 쪼그라든 느낌이면 완성이다. 마늘은 젓가락이 부드럽게 들어갈 정도까지 약 30분간 구워 중간에 뺀다.
　……… 채소의 크기와 두께에 따라 굽는 시간이 조금씩 차이날 수 있다.

3　그릇에 구운 채소를 넣고 뚜껑을 덮거나 랩을 씌워 20~30분간 식힌다.
　……… 밀봉해서 식히면 껍질이 한결 쉽게 벗겨진다.

4　피망은 검은색 껍질 부분을 벗긴 후 반을 갈라 씨를 제거하고 채 썰거나 손으로 찢는다. 특히 속에서 국물이 많이 나오니 잘 모아둔다.
　……… 흐르는 물에 씻으면 맛과 향이 날아가므로 가급적 물을 사용하지 않는다.

5　가지의 꼭지를 자르고 바나나 껍질 벗기듯 손으로 잘 뜯는다. 씨는 눈에 보이는 것만 제거하고 손으로 길게 찢는다.

6　양파는 껍질을 벗기고 한 장씩 떼어 채 썬다.
　……… 통으로 자르면 칼이 미끄러지므로 위험할 수 있다.

7　그릇에 손질한 채소들을 올리고 올리브유, 소금, 후춧가루를 뿌린 후 채수를 골고루 올린다. 파슬리로 장식한다.

Chef's Note

☀　익힌 채소들의 손질 과정에서 채수가 많이 나오는데, 이것들은 잘 모아서 활용한다. 채수에 채소의 씨들이 섞여 있는 경우는 체에 한번 걸러 사용한다. 채수에 올리브유, 식초, 소금을 넣고 잘 섞어 샐러드 드레싱을 만들어도 좋다.

☀　오븐을 사용할 때에는 시간과 비용 절감 차원에서, 오븐으로 조리 가능한 다른 재료들(감자, 고구마, 콜리플라워 등)도 함께 익히곤 한다. 특히 통마늘을 구워 으깨서 퓌레를 만들어 다양한 메뉴에 활용하면 좋다.

Tomate Aliñado

토마테 알리냐도

가장 간단한 재료로 만드는 현지의 맛
세비야식 토마토 마리네이드

연중 다양한 토마토를 손쉽게 구할 수 있는 스페인.
우리 가족 식사에 거의 매일 곁들이는 초간단 토마토 마리네이드를 소개합니다.
아직 김치를 못 먹는 아이들에게도 좋은 대안이 될 것입니다.
저희는 아이들 때문에 매운맛을 빼고 만들지만, 약간의 생마늘과
오레가노가 오리지널의 느낌을 내는데 중요한 역할을 합니다.

※ 스페인어로 '토마테(Tomate)'는 '토마토',
  '알리냐도(Aliñado)'는 '양념한'이라는 뜻입니다.

 2인분 / 완성 후 30분 이상 재우기

- ☐ 토마토 2개
- ☐ 마늘 1~2쪽
- ☐ 건오레가노 2작은술 + 약간
- ☐ 셰리와인식초 3큰술 + 약간
  (또는 화이트와인식초)
- ☐ 올리브유 6큰술 + 약간
- ☐ 소금 약간

블랙올리브절임, 삶은 달걀, 참치 통조림 등
다양한 재료를 추가해도 좋다

How to Cook

1. 토마토는 꼭지를 제거하고 한입 크기로 깍둑 썬다. 마늘은 편으로 갈라 가운데 심을 제거하고 다진다.
   ……… 현지에서는 생마늘의 아린 맛을 줄이기 위해 마늘의 가운데 흰색 심지 부분을 제거하고 사용하기도 한다.

2. 볼에 식초(2큰술), 올리브유(4큰술), 소금을 넣고 잘 섞은 후 토마토, 마늘, 건오레가노(2작은술)를 넣고 잘 버무린다.
   ……… 올리브유와 식초를 먼저 잘 섞은 후 샐러드 드레싱처럼 사용하면 재료에 좀 더 간이 잘 밴다. 이때 충분히 섞으면서 완전히 유화시켜야 한다.

3. 냉장실에서 최소 30분~하루 동안 보관한다.

4. 먹기 전에 맛을 보고 소금, 식초(약간), 건오레가노(약간) 등을 추가한 후 마지막으로 올리브유(약간)를 한 바퀴 두른다.
   ……… 토마토에서 수분이 나오면서 올리브유, 식초, 마늘 등과 섞여 그 자체로 맛있는 소스가 된다. 먹기 직전에 전체적으로 한 번 잘 섞는다.
   ……… 채 썬 양파를 찬물에 담가 매운맛을 빼고 함께 버무려도 좋다.

냉장 보관 정도에 따라 토마토에서 나오는 수분의 양이 달라지므로 먹기 직전에 간을 가감해야 한다. 셰리와인식초와 생마늘의 캐릭터가 충분히 살아 있는 것이 현지의 맛에 가깝다.

Pipirrana de Jaén

피피라나 데 하엔

올리브유 듬뿍 넣은 여름 대표 샐러드
하엔식 떠먹는 샐러드

스페인의 남동부 하엔(Jaén)은 전 세계 올리브유 생산량의
약 15%를 책임지는, 그야말로 '엑스트라 버진 올리브유의 메카'입니다.
끝없이 올리브 농장이 펼쳐지는 하엔의 고품질 올리브유를 듬뿍,
여름의 알록달록 아삭한 채소들을 가득, 채소 즙을 흥건하게 퍼먹는
스페인 여름의 선물 같은 샐러드입니다.

 3~4인분 / 완성 후 냉장실에서 3시간 이상 식히기

- 토마토 4개
- 청피망 1개
- 파프리카 약간(생략 가능)
- 삶은 달걀 3개
- 참치 통조림 1개
- 마늘 3쪽

- 화이트와인식초 4큰술 (또는 다른 식초)
- 올리브유 6큰술 + 적당량
- 소금 1큰술 + 약간
- 후춧가루 약간
- 가니시용 허브 약간(생략 가능)

국물에 빵을 푹 담가
함께 먹는 하엔식 샐러드

스푼으로 떠먹는 '국물 샐러드'로, 국물에 빵을 푹 담가 함께 먹는다.
냉장 보관 후 하루가 지나면
채소의 수분이 더 많이 우러나와 이 메뉴의 매력을 더욱 느낄 수 있다.

How to Cook

1. 토마토, 청피망, 파프리카는 다진다. 달걀은 흰자만 다진다.
   ……… 토마토는 데친 후 껍질을 벗겨 사용하면 더 부드러운 식감을 즐길 수 있다.

2. 절구에 마늘, 소금(1큰술)을 넣어 빻는다. ①의 청피망을 약간 넣고 더 빻은 후 달걀노른자를 넣고 잘 섞는다.

3. 올리브유(6큰술)를 조금씩 넣으면서 소스 느낌이 나도록 부드럽게 섞는다.

4. 볼에 ①, ③의 소스, 참치 통조림, 화이트와인식초를 넣고 섞어 맛을 본 후 소금, 후춧가루를 추가한다.

5. 냉장실에서 최소 3시간 이상 차갑게 식힌다.
   ……… 취향에 따라 소금, 후춧가루, 식초, 레몬즙, 허브 등을 추가한다.

6. 올리브유를 넉넉히 두르고 허브를 올린다.

Chef's Note

- 미리 버무려 시간이 지난 후 먹는 샐러드는 채소의 종류와 양, 시간에 따라 수분감이 달라지므로 소금의 양도 달라진다. 따라서 먹기 전, 최종적으로 소금과 식초 등 전체적인 간을 조절해야 한다.

- 질 좋은 엑스트라 버진 올리브유는 샐러드의 풍미를 더욱 살려준다.

- 취향에 따라 적양파, 아보카도, 오이, 오렌지, 레몬 등을 추가할 수도 있다.

Cogollo al Ajillo

코고요 알 아히요

스페인 가정식 애피타이저의 정석
상추 앤초비 샐러드

스페인에 살면서 운 좋게도 수많은 가정집에 초대를 받아봤는데요, 오늘의 메뉴는 애피타이저로 정말 자주 내어주는 플레이트입니다. 그만큼 쉽고 맛있다는 반증이겠지요. 손으로 들고 먹거나, 칼로 썰어 먹는 샐러드. 원하는 재료를 추가하여 다양하게 변형하기도 좋습니다.

※ 스페인어로 '코고요(Cogollo)'는 '상추의 속잎', '아히요(Ajillo)'는 '마늘기름 양념 또는 조리법'을 뜻합니다.

 2인분

- ☐ 로메인 상추 400g
- ☐ 마늘 4쪽
- ☐ 앤초비 10필렛
- ☐ 올리브유 적당량
- ☐ 화이트와인식초 1~2큰술
- ☐ 소금 약간
- ☐ 후춧가루 약간

상추 앤초비 샐러드에 모짜렐라 등 치즈와
발사믹 글레이즈를 조합하기도 한다

스페인에서 사용하는 '코고요(Cogollo)' 상추와 식감이
가장 유사한 재료는 로메인 상추이다. 로메인 상추는 생으로 사용하거나,
자른 단면을 팬이나 그릴에 구워 활용할 수도 있다.
일반 상추나 엔다이브 등으로도 대체 가능하다.

How to Cook

1　로메인은 깨끗이 씻어 물기를 제거한 후 길게 2등분한다.

2　마늘은 굵게 다지거나 편 썬다.

3　팬에 올리브유를 넉넉히 넣고 마늘을 넣어 약한 불에서 천천히 익힌다.

4　마늘의 색과 향이 충분히 우러나면 불에서 내려 조금 식힌 후 식초를 넣고 섞는다.

5　팬의 손잡이를 잡고 돌리면서 자연스럽게 섞는다.

6　그릇에 로메인을 올리고 소금, 후춧가루로 간을 한 후 ⑤의 소스, 앤초비 필렛을 올린다.

Chef's Note

☀　일반 상추를 사용할 경우 ⑤의 소스에 앤초비를 다져 넣고 함께 섞어 드레싱처럼 뿌리거나 겉절이 느낌으로 버무려도 좋다.

Ensalada de Capellán

엔살라다 데 카페얀

건어물과 올리브유의 반가운 조합
노가리 샐러드

알리칸테 주(州) 엘체(Elche)에 있는 친구네 레스토랑에 방문했던 날,
빠에야로 소문난 맛집이지만 사실 이날 가장 인상 깊었던 메뉴는
지역 전통 메뉴라며 내어준 건어물 샐러드였습니다. 한국으로 치면
노가리와 거의 흡사한 작은 대구과의 말린 생선 카페얀(Capellán).
엑스트라 버진 올리브유의 나라 스페인 시골 동네에서 찾아낸 이 조합이
무척 반가웠답니다.

※ 스페인어로 '엔살라다(Ensalada)'는 '샐러드', '카페얀(Capellán)'은
  '작은 말린생선'을 뜻합니다.

 2~3인분

- ☐ 반건조 조미 노가리 1마리
  (120g 내외)
- ☐ 토마토 약 2개
  (또는 방울토마토 20개, 300g)
- ☐ 마늘 1쪽
- ☐ 올리브절임 약 10개(30g)
- ☐ 올리브유 3큰술 + 약간
- ☐ 셰리와인식초 2큰술 + 약간
  (또는 화이트와인식초)
- ☐ 건오레가노 1/2작은술(생략 가능)
- ☐ 소금 약간
- ☐ 후춧가루 약간

클래식 버전은 완숙 토마토만을 사용하지만
방울토마토를 믹스하면 색감과 단맛을 더할 수 있어 좋다.

How to Cook

1. 노가리를 가스불 위에서 직화로 굽거나 토치로 골고루 색이 나도록 구운 후 상온에서 식힌다.

2. 토마토는 적당한 크기로 자르고 마늘은 다진다.

3. 볼에 ②, 올리브절임, 올리브유(3큰술), 식초(2큰술), 건오레가노, 소금을 넣고 버무린 후 랩을 씌워 냉장실에서 약 30분간 차갑게 식힌다.

4. 노가리에서 살을 발라낸 후 적당한 크기로 자른다.

5. ③에 ④의 노가리를 넣고 버무린다. 간을 보고 식초(약간), 소금, 후춧가루를 추가하면서 맛을 조절한다.

6. 그릇에 담고 올리브유(약간)를 두른다.

Chef's Note

- 구운 노가리에 엑스트라 버진 올리브유만 뿌려도 색다른 맛으로 즐길 수 있다.

- 조미 안 된 노가리 등 노가리의 종류에 따라 기본 간의 정도가 다르므로 소금으로 간을 조절해야 한다.

- 냉장실에서 하루 이상 보관 후 차게 먹으면 생선 살이 수분을 충분히 흡수하면서 맛과 식감이 달라져 또 다른 맛을 즐길 수 있다.

Chapter 5

지중해 식단의 주인공, 소박한

해산물 요리

> 지중해와 대서양을 함께 품은 나라 스페인. 이러한 지리적 이점 덕분에 재료가 다양하고 신선하며, 연중 해산물을 즐기기에 더없이 좋은 환경을 갖추고 있습니다.
>
> 바다의 풍요로움을 정직하게 담아낸 스페인의 해산물 요리는 지역마다 뚜렷한 개성을 지니고 있어 알려 드리고픈 메뉴를 고르기가 쉽지 않았습니다.
>
> 가장 단순한 새우 요리부터 조금은 생소한 대구 요리까지, 취향에 따라 골라 즐길 수 있는 다양한 요리를 소개합니다. 신선한 재료와 간단한 조리법으로 완성되는 스페인의 해산물 요리, 함께 만들어볼까요?

Gambas al Ajillo

감바스 알 아히요

한국에서 더 유명한 스페인 요리
감바스 알 아히요

가장 스페인스러운 조합인 엑스트라 버진 올리브유와 마늘, 그리고 누구나 좋아하는 새우까지, 스페인을 넘어 이제는 한국의 국민 새우 요리가 된 '감바스'. 본토에서 맛보는 오리지널이라 할지라도, 껍질 깐 새우살만으로 조리하면 그 진한 풍미를 제대로 느끼기 어렵습니다. 새우의 진정한 감칠맛은 껍질과 머리에서 나오기 때문인데요, 오늘은 조금 더 손이 가더라도 새우 맛 진~하게 우려내는 방법으로 만들어 보겠습니다.

※ 스페인어로 '감바(Gamba)'는 '새우', '아히요(Ajillo)'는 '마늘기름 양념 또는 조리법'을 뜻합니다.

 2인분

- ☐ 새우 15~20마리
- ☐ 마늘 12~13쪽
- ☐ 다진 파슬리 1큰술 + 1큰술
- ☐ 레몬 1/2개
- ☐ 페페론치노 약간 (또는 베트남 건고추)
- ☐ 토마토 1/2개
- ☐ 피멘톤 1/2작은술
- ☐ 올리브유 약간
- ☐ 소금 약간
- ☐ 후춧가루 약간
- ☐ 가니시용 다진 파슬리 약간

전통적인 버전으로 올리브유만 사용하는 방법보다는 수분과 감칠맛이
추가되어 기름과 섞이면서 유화된, 즉 소스화된 버전이 덜 느끼하고 더 맛있다.
이 레시피에서 토마토를 추가한 이유도 바로 그런 맥락이다.
다른 방법으로는 새우를 넣기 전에 물 + 코인육수 / 물 + 치킨스톡
/ 버섯 등 수분이 많은 채소를 추가하는 방법이 있다.

How to Cook

1. 마늘 5쪽은 살짝 으깨고 나머지는 편 썬다. 토마토는 반으로 썰어 강판에 간다. 레몬은 필러로 껍질을 얇게 벗긴 후 다진다. 새우는 머리를 자르고 껍질을 벗긴 후 물기를 제거하고, 머리와 껍질은 따로 모아둔다.

2. 팬에 새우 머리가 절반 정도 잠기게 올리브유를 넣고 으깬 마늘(5쪽), 새우 머리와 껍질을 넣어 중약 불~중간 불에서 약 20분간 노릇하면서 바삭한 질감이 날 때까지 천천히 구우면서 새우 오일을 만든다. 머리는 가끔씩 뒤집는다.

3. ②를 체에 밭쳐 거른 새우 오일을 다시 팬에 넣고 편으로 썬 나머지 마늘을 넣어 중간 불에서 노릇하게 될 때까지 끓인다. 이때 올리브유가 부족하면 더한다.
   ……… 바삭하게 구운 새우 머리는 별미 간식 또는 장식용으로 사용할 수 있으므로 남겨둔다.

4. 피멘톤을 넣고 잘 섞은 후 토마토를 넣고 볶는다는 느낌으로 잘 섞다가 끓어오르면 새우살을 넣는다.

5. 새우살을 앞뒤로 약 1분씩 익히면서 소금, 후춧가루로 간을 하고 다진 파슬리(1큰술), 다진 레몬 껍질을 넣는다.

6. 불을 끄고 그릇에 새우살과 구운 머리를 올린 후 국물, 나머지 다진 파슬리(1큰술)를 올린다. ①의 레몬으로 즙을 짜서 뿌린다.

Chef's Note

● 새우의 수염과 다리는 가위로 제거한다. 새우 오일을 낼 때 천천히 오래 조리하면 다리나 수염이 쉽게 탈 수 있고, 이는 오일이 탁해지며 쓴맛이 나는 원인이 된다.

● 새우살을 벗길 때 꼬리를 살리는 경우라면, 조리 중에 꼬리 가운데의 물총이 터져서 기름이 튈 수 있으니 주의한다. 가위로 제거해도 좋다.

● 새우 오일을 뽑는 과정에서 새우 머리를 짓누르면 맛이 더 진하지만 탈 수 있으므로 머리의 양이 충분하다면 조리 과정에서 자연스럽게 맛이 우러나오게 한다.

● 새우는 오래 조리하면 퍽퍽해질 수 있으니 신선한 새우일수록 조리시간을 최소화한다.

● 기름기가 많은 음식은 식으면 금방 느끼해지기 때문에, 이 요리도 가급적 식기 전에 먹는 것이 좋다. 서빙 그릇을 따뜻하게 데워 사용하는 것도 추천한다.

Gambas Cocidas

감바스 코시다스

최소한의 조리, 본연의 맛
데친 새우

스페인 사람들이 가장 좋아하는 해산물, 새우.
'감바스'의 원조국답게 그 종류도 다양하고, 조리법과 활용법 또한 무궁무진합니다. 이들이 가장 선호하는 새우의 조리법을 꼽자면 바로 오늘 소개하는 '데친 새우'입니다. 달콤하면서도 짭조름한 바다의 풍미, 고소하고 감칠맛 나는 탱탱한 식감까지.
새우 그 자체를 온전히 즐기기에 이만한 방법이 또 있을까요?

※ 스페인어로 '감바(Gamba)'는 '새우', '코시다(Cocida)'는
  '삶은 또는 데친'이라는 뜻입니다.

 2~3인분

- 새우(중~대 사이즈) 12마리
- 얼음 약간
- 물 7과 1/2컵(1.5ℓ) + 5컵(1ℓ)
- 소금 약 3/4컵(75g) + 약 1/2컵(50g)
- 굵은 소금 약간

🇪🇸 **스페인의 마켓 이야기**

시장에서 판매하는 새우

새우는 스페인 사람들이 가장 사랑하는 갑각류이다. 지역별로 다양한 새우들이 나기 때문에 마켓의 해산물 코너에는 항상 생으로 유통되는 5~6종류의 싱싱한 새우를 볼 수 있다. 지역에서 생산되는 브랜드 새우는 가격도 상당히 비싸다.

신선한 새우의 맛을 최대한 살릴 수 있는 조리법으로,
특히 레스토랑에서 고가의 새우를 조리할 때 사용한다.
현지인들은 데친 새우를 레몬 등 아무것도 더하지 않고 굵은 소금만 뿌려 먹는다.
싱싱한 새우 본연의 맛과 향을 온전히 즐겨보자.

How to Cook

1. 새우는 깨끗이 씻는다. 냄비(물 7과 1/2컵 + 소금 75g)와 볼(물 5컵 + 소금 50g)에 5% 소금물(물 5컵(1ℓ)에 소금 약 4큰술(35g) 비율로 섞은 것)을 각각 준비한다. 볼에는 얼음을 충분히 넣는다.
   ……… 5% 소금물은 물 5컵(1ℓ)에 소금 약 00큰술(50g)의 비율로 섞어 만든다.

2. ①의 냄비를 센 불에 올려 끓어오르면 새우를 넣은 후 중간 불에서 약 3분간 살짝 익을 정도로 조리한다.
   ……… 냄비에 새우가 충분히 잠길 정도의 소금물을 채운다.
   ……… 새우 크기와 양에 따라 데치는 시간이 달라진다.

3. 새우를 건져 ①의 얼음볼에 담가 약 5분간 식힌다.
   ……… 새우가 살짝 익어 부드럽기 때문에 이동 및 작업에 주의한다.

4. 밀폐용기에 키친타월을 깔고 ③의 소금물을 살짝 뿌린 후 새우를 올리고 키친타월을 덮는다.

5. 다시 소금물을 살짝 뿌려 새우가 약간 젖은 상태로 냉장실에서 30분 이상 차갑게 식힌다.

6. 먹기 직전에 냉장실에서 꺼내 그릇에 올리고 굵은 소금을 뿌린다.

Chef's Note

- 수입산 새우는 해동 시기를 알 수 없기 때문에 신선한 국내산 새우가 아니라면 냉동 제품을 구입하는 것이 좋고 머리 부분이 검게 변한 것은 피한다.

- 로메스코소스(42쪽)를 곁들이거나 깐 새우에 엑스트라 버진 올리브유를 끼얹어 먹어도 좋다.

- 현지에서 칵테일 새우에 곁들이는 '로제소스' 만들기
  ① 볼에 마요네즈 4큰술, 토마토케첩 2큰술, 레몬즙 1큰술, 우스터소스 1작은술을 넣고 섞는다.
  ② 취향에 따라 소금, 후춧가루, 타바스코 등의 핫소스를 추가해 잘 섞은 후 차갑게 식혀 먹는다.

Sepia a la Plancha

세피아 아 라 플란차

지중해 바다의 선물 같은 맛
갑오징어 철판구이

'플란차(Plancha)'는 스페인어로 '철판'을 의미하는데,
뜨겁게 달군 철판에서 음식을 구워 내는 전통적인 방식입니다.
이 방법은 고기나 해산물을 빠르고 고르게 익히며,
재료 본연의 맛을 극대화하는 지중해식 요리의 핵심입니다.
오늘은 가장 간단하면서도 맛있게 갑오징어를
즐길 수 있는 방법을 소개합니다. 이제 캠핑이나 가정에서도
팬프라잉으로 손쉽게 만들어보세요.

※ 스페인어로 '세피아(Sepia)'는 '갑오징어'를 뜻합니다.

 2인분

- ☐ 갑오징어 600g(손질 전 무게)
- ☐ 소금 약간
- ☐ 올리브유 약간

마늘 파슬리소스
- ☐ 마늘 2~3쪽
- ☐ 파슬리잎 10g
- ☐ 소금 약간
- ☐ 레몬즙 1/2개분(2큰술)
- ☐ 올리브유 5큰술

데친 새우(150쪽)

갑오징어를 마른 팬에서 먼저 구우면 특유의 서걱한 식감을 잘 살릴 수 있다.
단, 이 과정은 생략해도 되며, 찜처럼 부드럽고 야들야들한 식감을 선호한다면
팬에 오일을 두르고 바로 조리해도 된다.

How to Cook

1. 갑오징어는 내장과 뼈를 제거하고 키친타월을 이용해 껍질을 벗긴다. 몸통 가장자리에 칼집을 넣고 가운데 부분도 앞뒤로 살짝 칼집을 넣는다.
   ······ 칼집을 넣으면 조리 시 갑오징어가 많이 말리지 않는다.

2. 마늘, 파슬리는 다진 후 소금, 레몬즙, 올리브유를 넣고 잘 섞어 마늘 파슬리소스를 만든다.

3. 그릴팬이나 팬을 예열하고 중강 불에서 기름 없이 갑오징어 몸통의 안쪽 면이 아래로 가도록 올린다. 이때 가운데가 떠오를 수 있으므로 약 5~10초 정도 눌러준다.

4. 소금 간을 하고 겉면에 색이 나도록 약 2~3분간 구운 후 그릇에 덜어둔다. 이때 나온 수분을 충분히 날린다.
   ······ 이 과정을 통해 기름에 굽기 전 갑오징어의 수분이 충분히 제거되어 적절한 식감과 잘 구워진 맛을 낼 수 있다.

5. 팬을 가볍게 닦고 다시 예열한 후 올리브유를 두르고 중강 불에서 갑오징어를 노릇하게 색이 날 때까지 2~3분간 굽는다.

6. 갑오징어 위에 ②의 소스를 넉넉히 올리고 불을 끈 후 그릇에 담는다.
   ······ 기호에 따라 버터 1큰술을 추가해도 좋다.

7. 남은 소스는 갑오징어 위에 그대로 끼얹거나 팬에서 잔열로 살짝 졸여 끼얹는다.

Chef's Note

☀ 갑오징어는 오징어보다 살이 두꺼우며 큰 개체일수록 두께가 두꺼워진다. 큰 갑오징어라면 소금 간을 충분히 해야 맛있다.

☀ 알리올리(38쪽)나 마요네즈를 곁들여도 좋다.

☀ '마늘 파슬리소스'를 만드는 다양한 방법
① 재료를 다진 후 볼에 넣고 거품기로 섞거나, 뚜껑 있는 유리병에 넣고 흔들어 섞는다. 여행이나 캠핑 시 추천한다.
② 믹서에 모든 재료를 넣고 간다. 가장 쉽지만 맛과 향은 약할 수 있다.
③ 절구에 파슬리잎, 마늘, 소금을 넣고 충분히 빻은 후 레몬즙, 올리브유를 넣고 잘 섞으면 가장 오리지널에 가까운 맛과 향을 즐길 수 있다.

Almejas al Ajillo

알메하스 알 아히요

스페인 여름 해변의 클래식
바지락 술찜

스페인의 식재료 중 한국과 가격 차이가 가장 큰 재료 중 하나가 바로 바지락입니다. 한국보다 약 2~3배 비싼 고급 해산물이죠. 온 가족이 즐기는 여름 해변의 식당에 간다면 바지락 술찜은 놓칠 수 없는 메뉴입니다. 아이들은 껍질째 들고 살을 쏙 빼 먹는 재미를 느끼고, 어른들은 신선한 바다의 풍미를 안주 삼으며 그렇게 여름의 추억을 쌓아갑니다.

※ 스페인어로 '알메하(Almeja)'는 '바지락',
  '아히요(Ajillo)'는 '마늘기름 양념 또는 조리법'을 뜻합니다.

 2~3인분 / 바지락 2~3시간 해감하기

- ☐ 바지락 600g
- ☐ 양파 1/2개
- ☐ 마늘 7~8쪽
- ☐ 다진 파슬리 1큰술 + 1큰술
- ☐ 화이트와인 1/4컵(50㎖)
- ☐ 올리브유 적당량
- ☐ 레몬 껍질 약간(생략 가능)
- ☐ 페페론치노 약간
  (또는 베트남 건고추, 생략 가능)

어른들을 위한
바지락 술찜이라면
매운 고추를
넉넉하게 넣어도 좋다

이날 마실 와인을 일부 요리에 사용하고,
그 와인과 함께 페어링하면 궁합이 더욱 좋다.

How to Cook

1   바지락은 3.5% 농도의 소금물(물 5컵(1ℓ)에 소금 약 4큰술(35g) 비율로 섞은 것)에 2~3시간 해감한다. 양파는 다지고, 마늘은 편 썬다.
       ········ 마늘의 양은 취향에 따라 더 많이 넣어도 좋다.

2   팬에 올리브유를 넉넉히 넣고 중강 불로 예열한 후 양파를 넣어 투명하게 될 때까지 충분히 볶는다.

3   페페론치노, 마늘을 넣고 중간 불에서 마늘 향이 충분히 날 때까지 볶는다.

4   끓으면 화이트와인을 넣고 다시 끓어오르면 팬을 천천히 돌려가며 잘 섞는다.

5   바지락, 다진 파슬리(1큰술)를 넣고 팬을 살살 흔들며 바지락이 깨지지 않도록 섞는다.

6   뚜껑을 덮고 중강 불~센 불에서 바지락이 입을 벌릴 때까지 5분 정도 조리한 후 불을 끄고 그릇에 건더기만 담는다.

7   남은 국물은 질감을 확인하면서 중강 불에서 졸여 소스를 만든다.
    이때 레몬 껍질이나 크러시드 페퍼 등을 추가한다.
       ········ 사용한 와인에 따라 산미가 필요하다면 레몬즙을 추가하거나 버터(1큰술)를 넣으면 또 다른 풍미를 느낄 수 있다. 하몬 조각을 넣어도 좋다.

8   바지락 위에 소스를 붓고 나머지 다진 파슬리(1큰술)를 올린다.

Chef's Note

- 토마토 1/2개를 강판이나 핸드블렌더에 갈아 과정③에 넣고 조리해도 좋다.
- 보통은 바지락 자체의 염분으로 간을 맞출 수 있으며, 필요에 따라 소금을 추가한다.
- 플레이팅을 위한 '그린 오일' 만들기
  ① 끓는 물에 약간의 소금을 넣고 파슬리, 바질, 고수 등의 허브를 살짝 데쳐 얼음물에 식힌 후 물기를 제거한다.
  ② 믹서에 데친 허브, 올리브유를 자작하게 넣어 함께 간다. 면포나 거름망에 거르면 더욱 깔끔하다.

Mejillones a la Marinera

메히요네스 아 라 마리네라

스페인 바다의 풍미를 담은
마리네라소스 홍합

유럽 최대의 홍합 생산국인 스페인. 그 덕분에 스페인 전역의 식당과 가정에서
홍합이 널리 사용되고 있습니다. 오늘의 메뉴는 갈리시아 스타일의 홍합 요리로,
손쉽게 구할 수 있는 재료들로 가정에서 간편하게 만들어 즐길 수 있습니다.
'마리네라(Marinera)소스'는 바다의 풍미를 살려주는 역할을 하며,
현지에서는 다양한 생선과 해산물 요리에 활용되어
풍부한 맛을 제공합니다.

※ 스페인어로 '메히욘(Mejillón)'은 '홍합'을 뜻합니다.

 2~3인분

홍합찜
- □ 홍합 1kg
- □ 화이트와인 1/2컵 (100㎖, 또는 물, 생략 가능)
- □ 레몬즙 1/2개분(2큰술, 생략 가능)
- □ 양파 1개
- □ 마늘 2쪽
- □ 페페론치노 2~3개 (또는 베트남 건고추)
- □ 밀가루 1과 1/2큰술
- □ 피멘톤 1작은술
- □ 화이트와인 1/2컵(100㎖)
- □ 홍합육수 1과 3/4컵 (350㎖, 홍합찜에서 나온 것)
- □ 월계수잎 1장
- □ 다진 파슬리 1큰술 + 1큰술
- □ 올리브유 약간

오리지널 마리네라소스에는 토마토를 사용하지 않지만
기호에 따라 강판에 간 토마토를 추가해도 된다.

How to Cook

1   홍합은 지저분한 것을 떼고 깨끗하게 씻는다. 냄비에 홍합, 화이트와인(1/2컵), 레몬즙을 넣고 뚜껑을 덮어 센 불에서 홍합 껍질이 벌어질 때까지 찐다.

2   불을 끄고 뚜껑을 덮은 채로 3분간 뜸 들인 후 체어 밭쳐 육수를 걸러 따로 모으고 한쪽 껍질만 제거한다. 양파, 마늘은 다진다.

3   예열한 팬에 올리브유를 두르고 중강 불에서 양파를 넣어 투명해질 때까지 볶는다.

4   마늘, 페페론치노를 넣고 중간 불에서 마늘 향이 올라올 때까지 볶은 후 약한 불로 낮추고 밀가루를 넣어 1~2분간 볶는다.

5   피멘톤을 넣고 약한 불에서 30초간 볶는다.

6   화이트와인(1/2컵)을 넣고 센 불로 올려 2~3분간 알코올을 날린다.

7   홍합육수, 월계수잎, 다진 파슬리(1큰술)를 넣고 잘 섞으면서 살짝 졸인다.

8   소스의 질감이 나오면 중약 불~중간 불로 낮추고 팬에 홍합의 껍질 면이 아래로 가도록 팬에 올린다.

9   팬을 살살 흔들면서 국물이 홍합에 배도록 자연스럽게 섞는다.

10   중약 불~중간 불에서 2~3분 정도 소스를 졸인 후 다진 파슬리(1큰술)를 넣고 올리브유를 두른다.

……… 홍합을 그릇에 담거나 팬 그대로 서빙하면 각자 홍합 껍질을 들고 소스를 떠서 먹을 수 있다.

Chef's Note

- 껍질 깐 홍합을 바로 사용하지 않는다면 마르지 않도록 용기에 담거나 랩을 씌워 보관한다.

- 홍합살과 육수에 충분한 염분이 있어 별도의 소금 간을 하지 않지만 육수의 염도에 따라 소금, 후춧가루로 간을 추가해도 된다.

- 마리네라소스는 바지락, 오징어 등의 흰살 생선, 가오리, 새우 등 다양한 해산물 요리에 활용 가능하다. 밀가루나 육수로 소스의 점도를 조절할 수 있다. 밀가루 양을 줄이고, 미트볼 요리에서 사용한 아몬드 페이스트를 추가하면 또 다른 맛으로 즐길 수 있다.

- 사프란 등 좋아하는 향신료를 추가해도 좋다.

Atún Encebollado

아툰 엔세보야도

참치의 본고장에서 만나는 소박한 한그릇
카디즈식 참치찌개

지브롤터 해협을 사이에 두고 아프리카와 맞닿아 있는 스페인 최남단. 이곳은 고대 페니키아 시대부터 시작된 전통의 참치잡이, '알마드라바(Almadraba)'의 역사가 2천 년 넘게 이어지는 곳이지요. 매년 봄 참치잡이 시즌이 되면 이곳의 작은 어항들은 '참치 축제'로 활기를 띱니다. 가장 신선한 참치로 만든 회, 찜, 구이, 튀김, 스튜, 염장 등 온갖 조리법으로 준비된 참치를 놓칠 수 없습니다. 축제의 시작은 언제나 가장 소박하지만 모두가 사랑하는 참치 메뉴, Atún Encebollado!

※ 스페인어로 '아툰(Atún)'은 '참치'를 뜻합니다.

🇪🇸 스페인의 재료 이야기

마트에서 판매되는 조리용 참치

세계적인 참치 생산국 스페인. 참치하면 한국에서는 회를 먼저 떠올리지만 스페인에서는 가정에서 구이나 조림으로도 많이 소비하므로 마트에 가면 손질된 참치를 쉽게 구입할 수 있다.

 2인분

- ☐ 참치 통조림 500g
- ☐ 양파 약 2개(중간 크기, 350g)
- ☐ 마늘 3쪽
- ☐ 육수 3/4컵(150mℓ)
- ☐ 월계수잎 2장
- ☐ 건오레가노 1작은술 + 약간
- ☐ 통후추 10알
- ☐ 셰리와인식초 1과 1/2큰술 (또는 화이트와인식초)
- ☐ 피멘톤 1과 1/2작은술
- ☐ 올리브유 3큰술 + 약간
- ☐ 소금 약간

오리지널 버전에서는 두께감 있는 구이용 참치살을 큐브 형태로 잘라 조리한다.
지방이 없는 살코기는 특히 퍽퍽해지기 쉬우므로 조리 시간을 최소화하고 찌듯이 익혀낸다.

How to Cook

1 참치 통조림은 체에 밭쳐 기름을 거른 후 따로둔다. 양파는 채 썰고, 마늘은 편 썬다. 냄비에 육수를 넣고 불에 올려 데운다.

2 중강 불로 예열한 팬에 올리브유(3큰술)를 두르고 양파, 소금을 넣어 3~4분간 양파가 투명하게 될 때까지 볶는다.

3 마늘, 월계수잎, 건오레가노(1작은술), 통후추를 넣고 2~3분간 볶는다.

4 뚜껑을 덮고 중약 불로 불을 낮춰 3분 정도 양파를 찌듯이 부드럽게 익힌다.

5 데운 육수, 셰리와인식초, 피멘톤, 체에 거른 참치 기름을 넣고 잘 섞는다.
……… 육수를 데워 넣으면 조리 온도가 일정하게 유지되면서 재료와 육수가 빠르게 섞이고 풍미가 한층 좋아진다.
……… 참치 기름은 기호에 맞게 양을 조절한다.

6 국물이 끓어오르면 참치를 넣고 소금 간을 한 후 다시 끓어오르면 뚜껑을 덮고 중약 불~중간 불에서 3분간 끓인다.

7 그릇에 담고 피멘톤, 건오레가노(약간)를 뿌린 후 올리브유(약간)를 두른다.

Chef's Note

- 이 메뉴에서는 참치와 양파가 주재료이며, 기호에 따라 양파의 비율을 더 늘려도 된다.

- 집집마다 양파를 조리하는 방법에 차이가 있는데, 여기서는 양파의 식감이 완전히 뭉개지지 않고 부드럽게 씹히는 정도로 조리했다. 양파를 캐러멜라이징해서 넣기도 한다.

- 참치 통조림에서 걸러낸 기름은 수분이 섞여 있기 때문에 볶음용으로 사용하기는 어렵다. 조리 중에 기름이 더 필요할 때 사용하거나 국물에 추가하면 맛을 더할 수 있다.

- 의외로 한국식으로 흰밥을 곁들여 먹어도 잘 어울린다.

Brandada de Bacalao

브란다다 데 바칼라오

지중해권에서 늘 사랑받는 스테디셀러
대구살 페이스트

'브란다다(Brandada)'는 카탈루냐 지역의 전통적인 요리로,
인접한 프랑스의 프로방스에서 유래했습니다. 주요 재료는 대구살, 감자,
올리브유, 마늘이며, 이들을 잘 섞어 만든 부드러운 페이스트의 질감입니다.
염장 대구에 올리브유와 마늘의 풍미가 더해져 고소하고 짭짤한 맛을
자아냅니다. 주로 따뜻한 전채 요리로 제공되는데,
얇은 빵이나 크래커 위에 한 숟갈 퍼 올려 먹으면
쉽게 멈추기 어렵습니다.

※ 스페인어로 '바칼라오(Bacalao)'는 '대구'를 뜻합니다.

 2~3인분

- 대구살 필렛 600g
- 감자 약 1개(큰 것, 250g)
- 마늘 7쪽
- 페페론치노 약간
  (또는 베트남 건고추, 생략 가능)
- 레몬즙 1/2개분(2큰술) + 약간
- 생크림 약 1/4컵(60㎖)
- 올리브유 약간
- 소금 약간
- 후춧가루 약간
- 토핑용 생크림, 치즈,
  빵가루 약간(생략 가능)
- 가니시용 다진 허브 약간
  (파슬리 등, 생략 가능)

구운 슬라이스 빵 위에 대구살 페이스트를 올린 후
올리브절임, 다진 채소 등을 조합해 먹어도 맛있다

※ 과정 사진은 2배수로 조리한 것입니다.

How to Cook

1 대구살을 약 3.5%의 소금물(물 5컵(1ℓ)에 소금 약 4큰술(35g) 비율로 섞은 것)에 2시간 동안 담가 염지한다. 물에 씻은 후 체에 밭쳐 물기를 제거하고 키친타월로 한 번 더 닦는다. 적당한 크기로 썰고 가시가 남았다면 제거한다.

2 마늘은 두껍게 편 썬다. 감자는 껍질째 삶은 후 껍질을 벗긴다.

3 팬에 대구가 절반 이상 잠길 정도로 올리브유를 충분히 두르고 마늘, 페페론치노를 넣고 약한 불에서 마늘 향이 충분히 올라올 때까지 볶는다.

4 대구의 껍질이 아래로 가게 올리고 약한 불~중약 불에서 천천히 익힌 후 한쪽 면이 충분히 익으면 뒤집으면서 총 15분 정도 굽는다.
……… 껍질 면이 충분히 익어야 나중에 껍질을 쉽게 벗길 수 있다.

5 체에 밭쳐 기름을 제거하고 생선과 마늘은 덜어둔다. 이때 거른 기름은 페이스트를 만들 때 사용한다.
……… 대구의 맛이 충분히 녹아들어 있는 기름이 맛의 핵심 포인트. 조리과정에서 흘러나온 젤라틴과 수분을 거품기로 충분히 섞은 후 페이스트에 조금씩 추가한다.

6 대구가 한 김 식으면 조리용 장갑을 끼고 손으로, 또는 핀셋을 이용해 껍질을 벗긴다.

7 볼에 생선 살, 마늘을 넣고 조리용 장갑을 끼고 손으로 으깨면서 가시가 남아 있는지 잘 확인한다.

8 감자를 넣고 으깬 후 레몬즙(1/2개분), 생크림, 소금, 후춧가루를 넣어 섞고 ⑤의 기름을 조금씩 넣으면서 잘 섞는다.
……… 감자는 뜨거울 때 작업하면 부드럽게 잘 으깨진다.

9 질감과 간을 확인하고, 올리브유나 생크림을 추가하면서 페이스트의 질감을 만든다.
……… 생크림이나 레몬즙을 넣으면 더 묽게, **올리브유를 넣으면 더 뻑뻑하게** 만들 수 있다.

10 내열용기에 ⑨를 넣고 윗면에 토핑용 생크림, 치즈, 빵가루 등을 올린 후 200°C로 예열한 오븐에서 약 10~15분간 굽는다.
……… 색이 나는 정도를 중간에 확인하면서 굽는 시간을 조절한다.

11 레몬즙(약간) 또는 올리브유를 두르고 다진 허브를 올린다.

Kokotxa de Bacalao al pil pil

코코차스 데 바칼라오 알 필 필

바스크식 대구 요리의 근본
필필소스 대구 목살

북부 바스크 지방의 생선 가게에서 가장 눈에 띄는 식재료는 바로 '코코차(Kokotxa 또는 Cococha)'입니다. 이는 대구과 생선의 목살(턱살)로, 한 마리당 단 한 점만 나오는 귀한 부위입니다. 엑스트라 버진 올리브유에 마늘과 고추로 향을 더하고 이 생선을 천천히 익히면 젤라틴이 흘러나오는데, 이를 유화시켜 부드러운 농도와 질감의 '필필(Pil Pil)소스'를 만들어냅니다.
재료 자체가 가진 쫄깃한 식감과
풍부한 젤라틴의 독보적 매력을 즐겨보세요.

※ 바스크어로 '코코차스(Kokotxas)'는 '대구 목살'을 뜻합니다.

 2인분

- ☐ 대구 턱살, 목살, 볼살 등 500g
  (또는 대구 필렛)
- ☐ 마늘 10쪽 이상
- ☐ 페페론치노 약간
  (또는 베트남 건고추)
- ☐ 올리브유 약간
- ☐ 다진 파슬리 약간
- ☐ 소금, 후춧가루 약간

스페인의 재료 이야기

바스크 지방의 귀한 식재료, 대구 목살

대구는 바스크 지방의 생선 가게에서 빼놓을 수 없는 식재료이며, 특히 한 마리당 단 한 점만 나오는 목살은 고급 재료 중 하나이다. 쫄깃한 식감과 풍부한 젤라틴은 필필소스에서 독보적인 매력을 뽐낸다.

필필소스는 스페인 바스크 지방의 전통적인 조리법으로 만든 소스로,
올리브유, 마늘, 고추를 기본으로 한 간단하지만 깊은 풍미를 자랑하는 소스이다.
생선에서 나오는 젤라틴이 올리브유와 결합하여 자연스러운 농도와 부드러운 질감을 만들어낸다.
이 젤라틴은 필필소스의 중요한 요소로 소스에 깊은 맛을 더한다.
'필필(Pil Pil)'은 생선이 조리되는 동안 기포가 나는 소리가 '필필'처럼 들린다고 해서 붙여졌다.

How to Cook

1. 대구는 깨끗이 씻은 후 키친타월로 물기를 충분히 제거한다. 마늘은 편 썬다.

2. 예열한 팬에 올리브유, 마늘, 페페론치노를 넣고 중간 불에서 마늘 색이 충분히 날 때까지 천천히 조리한다. 마늘과 고추는 덜어둔다.

3. 팬에 올리브유를 넉넉히 넣고 대구의 껍질 면이 아래를 향하게 넣어 소금, 후춧가루로 간을 한 후 중약 불에서 기포가 살짝나면서 흰색의 젤라틴이 흘러나올 때까지 약 4분간 익힌다. 중간중간 원을 그리듯이 팬을 돌려주면 젤라틴이 잘 흘러나온다.
   ……… 생선 크기에 따라 익히는 시간은 다를 수 있다.
   ……… 올리브유는 생선이 거의 잠길 정도로 충분히 넣어 조리하는 게 좋다.

4. 대구를 뒤집고 소금, 후춧가루로 간을 한 후 다시 4분간 익힌다.

5. 대구를 덜어두고 올리브유를 미지근할 때까지 식힌다. 이때 올리브유의 윗부분(A)과 흰색의 젤라틴이 가라앉은 부분(B)은 따로 분리한다.

6. (B)를 체나 거품기 또는 핸드블렌더로 잘 섞으면서 유화시킨다. 이때 (A)를 조금씩 첨가하면서 마요네즈와 같은 질감의 필필소스를 만든다.

7. ⑥의 소스를 팬에 넣고 대구를 올린 후 뚜껑을 덮어 약한 불에서 천천히 데운다.

8. 그릇에 담고 ②의 마늘과 고추를 올린 후 다진 파슬리를 곁들인다.

Chef's Note

✺ 정형 방식은 다르지만, 한국에서는 미국산 등 수입 대구의 목살(턱살)을 사용할 수 있다. 이 경우 가위를 이용해 적당한 크기로 잘라 조리한다.

✺ 생선을 구울 때 생선이 익기 전에 껍질 면을 아래로 놓고 살살 흔들면서 조리하면 더 충분한 젤라틴을 얻을 수 있다.

✺ 현지에서는 바지락을 넣는 경우도 많다. 바지락을 익힐 때 나온 육수를 필필소스를 만들 때 함께 넣어 유화시키면 감칠맛이 배가된다.

Chapter
6

역사가 녹아
있는 지역의
숨은 별미

육류 요리

“ 우리가 여행으로 만나는 스페인은 대개 지중해권의 바다와 가까운 도시들이지만, 실제로 스페인 영토의 대부분은 건조하고 척박한 대륙성 기후의 내륙 지역입니다.

그런 환경 속에서 사람들은 돼지, 소, 양, 토끼 등 다양한 육류를 자신들만의 방식으로 조리하며 전통을 이어왔지요. 특히 내륙 지역에서 돼지는 버릴 것 하나 없는 '영혼의 동반자'로 불리는 중요한 존재입니다.

여행자에게는 다소 낯설 수 있지만, 스페인의 깊은 역사와 일상의 무게가 녹아 있는 육류 요리들, 지금부터 함께 만나보시죠. ”

Solomillo al Whisky

솔로미요 알 위스키

세비야 타파스 바의 터줏대감
위스키소스 돼지 안심

타파스 문화가 발달한 세비야에는 3천여 개의 바(Bar)가 있다고 이야기합니다. 그중에서도 오랜 역사를 간직한 바들은 예외 없이 클래식 메뉴들을 갖추고 있는데요, 이 요리가 대표적입니다. 위스키는 '햇살'을 찾아 스페인을 방문하는 영국인들을 통해 들어왔으며 요리에도 사용하게 되었습니다. 쉽고 간편하면서 오랫동안 현지인들의 사랑을 받고 있는 돼지와 위스키의 조화, 집에서도 한 번 경험해보세요.

※ 스페인어로 '솔로미요(Solomillo)'는 '안심'을 뜻합니다.

 2인분

- ☐ 돼지고기 안심 600g
- ☐ 감자 1개(생략 가능)
- ☐ 마늘 12쪽 이상
- ☐ 위스키 3/4~1컵(180㎖)
  (또는 꼬냑, 브랜디, 와인)
- ☐ 닭육수 1/2컵(100㎖, 35쪽)
- ☐ 전분물 4큰술
  (전분 1과 1/2큰술 + 물 3큰술)
- ☐ 레몬즙 1/2개분
  (또는 셰리와인식초 2큰술)
- ☐ 올리브유 적당량
- ☐ 소금 약간
- ☐ 후춧가루 약간

샌드위치의 속재료로 활용하거나 소스와 함께 빵에 올려 먹어도 좋다.
흰밥과도 의외로 잘 어울린다

현지에서 제공되는 안심의 두께는 생각보다 얇다.
즉, 스테이크 스타일의 메인 메뉴기보다는 저렴한 가격에 즐기는
가벼운 술안주(타파스)에 더 가깝다.

How to Cook

1   돼지고기 안심은 표면의 근막이 과도하다면 제거하고 약 1.5cm 두께로 썬다.

2   마늘은 껍질째 세로로 칼집을 한 번 넣는다.

3   감자는 1cm 두께를 넘지 않게 썰고 가볍게 씻어 물기를 제거한 후 소금, 후춧가루, 올리브유를 뿌려 185도℃로 예열한 오븐에서 15~20분간 굽는다.
     냄비에 육수를 넣고 불에 올려 데운다.

4   예열한 팬에 올리브유를 넉넉히 두르고 중강 불~센 불에서 고기의 양면을 노릇하게 구우면서 소금, 후춧가루로 간을 한 후 그릇에 덜어둔다.
     …… 돼지 안심은 완전히 익히면 질겨지니 양면에 충분히 색이 나도록만 짧게 조리한다.

5   올리브유가 부족하다면 추가하고 마늘을 넣어 중간 불에서 2분 정도 살살 볶는다.
     …… 너무 휘저으면 통마늘 껍질이 벗겨질 수 있다. 마늘 일부를 다져서 넣어도 된다.
     …… 마늘을 넣기 전에 양파 1개를 다져서 볶으면 더 풍부한 맛을 낼 수 있다.

6   위스키를 넣고 중강 불에서 3분 정도 끓이면서 알코올을 날린다. 이때 주걱으로 눌어붙은 팬 바닥을 긁어가며 잘 섞는다.

7   전분물을 잘 섞어 넣고 저어준다. 데운 육수, 레몬즙을 넣어 약간 걸쭉한 소스 질감이 날 때까지 끓인다.
     …… 육수를 데워 넣으면 조리 온도가 일정하게 유지되면서 재료와 육수가 빠르게 섞이고 풍미가 한층 좋아진다.

8   ④의 안심을 넣고 뚜껑을 덮은 후 중간 불에서 7~8분 정도 익힌다.
     …… 소스가 묽으면 버터 1큰술을 추가하거나, 고기를 덜어내고 소스만 1~2분간 더 졸인다.

9   그릇에 감자를 깔고 그 위에 고기를 올린 후 소스를 끼얹는다.

Chef's Note

- 통마늘을 껍질째 조리하면 겉이 뭉개지지 않으면서 속은 부드럽게 으깨지는 식감이 좋다. 현지 바에서는 이 방법으로 마늘을 조리하여 제공한다.

- 양파에 다진 양송이를 넣어 함께 볶으면 더 풍부한 맛의 소스를 만들 수 있다.

- 달콤한 와인을 쓴다면 건포도를 더해도 좋다. 볶은 잣과의 궁합도 좋다.

Lomo en Adobo

로모 엔 아도보

마탄사 전통을 고스란히 담은
마리네이드 돼지 등심

스페인 마트의 정육 코너를 지나칠 때면, 강렬한 붉은 양념에 절인 돼지 등심에 자연스레 시선이 갑니다. 이렇게 등심을 통째로 소금물에 절이고 양념하는 조리법은 도축의 전통과 관련이 있습니다. 스페인 내륙 지방에서는 춥고 긴 겨울을 나기 위해 집집마다 돼지를 잡아 식량을 비축하는 문화가 있었는데요, 도축 후의 고기를 보존하고 가공하는 과정에서 고기를 즐기는 방법의 하나로 이 양념(Adobo)이 유래했다고 전해집니다.

※ 스페인어로 '로모(Lomo)'는 '등심', '아도보(Adobo)'는
  '마늘이나 피멘톤에 재우는 조리법',
  '마탄사(Matanza)'는 스페인의 농촌 지역에서 전통적으로
  돼지를 도축하고 가공하는 행사를 뜻합니다.

 4~5인분 / 2시간 염지하기 + 2일 이상 숙성시키기

- ☐ 돼지고기 등심 1.5kg
- ☐ 올리브유 약간
- ☐ 가니시용 채소 약간(토마토, 데친 브로콜리 등, 생략 가능)

양념
- ☐ 마늘 3쪽
- ☐ 식초 약 1/3컵(70㎖)
- ☐ 피멘톤 1큰술
- ☐ 건오레가노 1큰술
- ☐ 올리브유 5큰술

마리네이드 등심과 소스, 하몬, 토마토, 볶은 피망을 넣어
샌드위치를 만들어도 맛있다

샌드위치 스타일로 활용해도 좋다. 얇은 고기를 구워 만드는 등심 샌드위치로는 마드리드의 '페피토 데 테르네라(Pepito de ternera)', 안달루시아의 '세라니토(Serranito)'가 유명하다.

How to Cook

1   큰 볼이나 그릇에 10% 소금물(물 5컵(1ℓ)에 소금 100g 비율로 섞은 것)을 만든다.
      돼지고기 등심의 위쪽에 근막이 있다면 제거한 후 소금물에 담가 2시간 동안 염지한다.

2   깊이가 있는 용기에 양념 재료를 모두 넣고 핸드블렌더로 간다.

3   등심의 물기를 가볍게 제거하고 ②의 양념을 골고루 바른다.

4   랩으로 고기를 꼼꼼히 싸서 냉장실에서 48시간 이상 재운다.

5   등심은 1~1.5cm 두께로 얇게 썬다.

6   중간 불로 예열한 팬에 올리브유를 두르고 등심을 넣어 굽는다.
      필요하다면 소금, 후춧가루로 간을 한다.

········ 등심은 쉽게 퍽퍽해지므로 고기를 얇게 썰어서 앞뒤로 각각 1분 이내로 살짝만 굽는 것이 좋다.

7   그릇에 담고 토마토, 데친 브로콜리 등을 곁들인다.

Chef's Note

- 돼지 등심은 통째로 된 것을 구매하면 좋다. 고기 육즙을 보존하기 유리하며 원하는 두께로 조절할 수 있다는 장점이 있다.

- 소금물의 소금은 미지근한 물에 충분히 녹여서 사용하며, 고기가 완전히 잠기도록 해야 한다. 만약 고기가 물속에 완전히 잠기지 않으면 무거운 그릇으로 눌러준다.

- 익힌 고기는 냉장실에 차갑게 보관 후 올리브유를 끼얹어 먹어도 좋다.

- 고기를 굽고 남은 국물이나 마리네이드 후 남은 양념은 조금 더 졸여 소스로 사용할 수 있다. 이때 버터로 풍미를 더하고 농도를 조절할 수 있다. 손님초대 요리라면 소스를 따뜻하게 데운 후 서빙 직전에 뿌리면 그럴듯한 분위기를 낼 수 있다.

Carcamusa
카르카무사

옛 레시피 그대로의 투박한 맛
톨레도식 돼지고기 스튜

전국에서 가장 세련미가 떨어지는 미식 불모지 라만차 지방. 내륙의 추위를 견디며 밭 노동의 허기를 달래던 투박한 음식들, 돈키호테 배경 속 400년 전 레시피 그대로의 촌스러운 메뉴들이 아직도 익숙한 곳. SNS를 달구는 비주얼 끝판왕도, 파인 다이닝의 숨멎는 프레젠테이션도 좋지만 가끔은 보이는 게 맛의 전부인 '노 필터' 한 그릇이 생각날 때가 있습니다.
토기의 순박함과 시간이 멈춘 듯한 낭만을 함께 느껴보세요.

 3~4인분

- ☐ 초리소 200g
- ☐ 돼지고기 목살 700g
- ☐ 양파 1개
- ☐ 마늘 4쪽
- ☐ 토마토 1과 1/2개
- ☐ 페페론치노 2개(또는 베트남 고추)
- ☐ 월계수잎 1장
- ☐ 완두콩 약 1/2컵(70g)
- ☐ 화이트와인 약 1/3컵(70㎖)
- ☐ 닭육수 약 2컵(400㎖, 또는 물, 35쪽)
- ☐ 올리브유 약간
- ☐ 소금 약간
- ☐ 후춧가루 약간

목살 이외에도 삼겹살처럼 지방이 있는 부위를 섞어 사용하면 더 맛있다.
현지에서는 자투리 하몬 조각을 함께 볶기도 한다.

How to Cook

1. 목살은 큼직하게, 초리소는 먹기 좋은 크기로 썬다. 양파, 마늘은 다지고, 토마토는 반으로 썰어 강판에 간다. 냄비에 육수를 넣고 불에 올려 데운다.

2. 충분히 예열한 냄비에 올리브유를 두르고 목살을 넣어 센 불에서 수분이 완전히 날아가면 겉면에 갈색이 돌 때까지 볶은 후 덜어둔다. 고기 두께에 따라 소금, 후춧가루로 간을 넉넉히 한다.

3. 다진 양파를 넣고 양파에서 나온 수분을 이용해 눌어붙은 바닥을 주걱으로 긁으면서 중강 불에서 볶는다.

4. 다진 마늘, 매운 고추, 월계수잎을 넣고 마늘 향이 올라올 때까지 중간 불에서 볶는다.

5. 초리소를 넣고 초리소에서 나오는 빨간 기름에 모든 재료가 골고루 섞이도록 볶는다.

6. 초리소가 익기 시작하면 토마토, 소금을 넣고 볶으면서 토마토의 수분을 충분히 날린다.

7. ②의 목살을 넣고 섞은 후 화이트와인을 넣고 주걱으로 눌어붙은 바닥을 긁으면서 중강 불에서 수분이 거의 날아갈 때까지 볶는다.

8. 재료가 충분히 잠길 정도로 데운 육수를 넣고 끓어오르면 뚜껑을 덮은 후 약한 불~중약 불로 낮춰 30분 이상 끓인다. 중간중간 바닥이 눌어붙지 않게 저어준다.
   ……… 냄비 크기에 따라 육수의 양은 달라질 수 있다.
   ……… 더 부드러운 질감을 원한다면 약한 불에서 더 오래 끓여도 된다.

9. 뚜껑을 열고 국물이 소스처럼 걸쭉해질 때까지 약 10분간 끓인 후 소금 간을 확인한다.

10. 완두콩을 넣고 3~4분간 더 끓인 후 그릇에 담고 올리브유를 두른다.

Chef's Note

☀ 초리소를 사용하지 않는다면 피멘톤을 약간 추가해 붉은색을 낸다.

☀ 재료가 간단할수록 조리 과정이 중요하다. 각 단계에서 수분이 날아가면서 재료가 색을 내고, 다시 수분을 보충해 눌어붙은 바닥을 긁으면서 맛이 더해지는 디글레이징 과정을 반복한다. 이 과정을 충분히 거치면 육수 없이 물만으로도 맛을 낼 수 있다.

Trinxat

트린샤트

산악 지대의 겨울을 담은 요리
피레네식 삼겹 양배추

바르셀로나 시골의 작은 호텔에서 근무하던 시절, 주말마다 번갈아 직원 식사를 준비했습니다. 어느 추운 겨울, 북쪽 산동네 출신의 동료가 겨울 제철 양배추와 베이컨, 삼겹살 기름을 뽑아 만들어줬던 메뉴랍니다.
험준한 피레네 산맥의 눈 덮인 겨울을 버티기 위해서는 이 같은 든든한 음식이 필요했을 테죠. 늘 배고팠던 그 시절의 겨울을 떠올리면 생각나는 추억의 메뉴입니다. 익힌 감자를 반죽화하는 조리 방법이 유사하다 하여, '달걀 없는 토르티야'라 불리기도 합니다.

 3~4인분

- ☐ 돼지고기 삼겹살 300g
- ☐ 감자 2개(큰 것, 500g)
- ☐ 양배추 500g
- ☐ 마늘 8쪽
- ☐ 올리브유 약간
- ☐ 소금 약간
- ☐ 후춧가루 약간

삼겹 양배추에 블랙올리브, 마늘 칩,
고추 피클, 후춧가루, 딜, 레몬제스트, 레몬즙을
곁들여 크래커 위에 올렸다

카탈루냐 현지에서는 '부티파라 네그라(Butifarra Negra)'라는 로컬 소시지를 함께 넣기도 한다.
삼겹살 대신 베이컨을 넣거나 추가할 수도 있다.

How to Cook

1. 감자는 깍둑 썰고, 양배추는 심지를 제거한 후 적당한 크기로 채 썬다.
   마늘 4쪽은 다지고, 4쪽은 살짝 두껍게 편 썬다. 삼겹살은 가능한 작게 썬다.
   ……… 삼겹살 일부를 남겨두었다가 구워서 장식용으로 사용한다.

2. 냄비에 감자 양의 두 배 정도의 물을 넣고 불에 올려 끓어오르면 감자, 양배추, 소금을
   넣고 뚜껑을 덮은 후 중약 불~중간 불에서 25~30분간 끓인다.

3. 재료들이 완전히 부드럽게 익으면 불에서 내리고 체에 밭쳐 물기를 제거한다.

4. 팬에 올리브유를 두르고 편 썬 마늘을 넣어 중약 불에서 천천히 익히면서
   노릇하게 될 때까지 볶은 후 덜어둔다.

5. ④의 팬에 삼겹살을 넣고 중강 불에서 색이 나기 시작하면 다진 마늘을 넣은 후
   중간 불로 낮춰 충분히 볶는다.

6. 소금, 후춧가루로 간을 하고 삼겹살의 지방 부분이 바삭하게 될 때까지 볶은 후
   덜어둔다. 남은 기름은 모은다.

7. 볼에 ③을 넣고 으깬 후 간을 보고 소금, 후춧가루를 추가한 후 ⑥의 삼겹살과
   기름 일부를 넣고 반죽을 만든다.

8. 팬을 예열한 후 ⑥의 기름 1큰술을 두르고 반죽을 넣는다.

9. 중강 불에서 3~4분 정도 색이 충분히 나도록 구운 후 다시 ⑥의 기름 1큰술을 두르고
   뒤집어 색이 날 때까지 굽는다.
   ……… 반죽이 팬에 가득 차게 구우면 스페인식 오믈렛(60쪽)으로 만들 수 있다. 팬에서 반죽을
   뒤집는 방법은 스페인식 오믈렛을 참고한다. 만약 반죽을 조금씩 넣어 조리하면 구워지는
   단면적이 넓어져 더 깊은 풍미를 낸다.

10. 그릇에 스페인식 오믈렛처럼 통째로 담거나, 러시안 샐러드(56쪽)처럼 퍼 올려 담는다.
    ④의 마늘과 구운 삼겹살을 올린다.

Chef's Note

☀ 빵이나 크래커 위에 올려 먹거나 양상추나 양배추에 올려 쌈처럼 먹어도 훌륭하다.
데친 채소(당근, 아스파라거스, 브로콜리, 브뤼셀 스프라우트 등)와도 잘 어울린다.

Albóndigas con Sepia

알본디가스 콘 세피아

서프 앤드 터프, 바다와 산의 콜라보
미트볼과 갑오징어 스튜

'서프 앤드 터프'는 '스테이크와 랍스터', '홍어 삼합'처럼 육류와 해산물을 함께 내는 메뉴를 뜻합니다. 스페인에서는 이 조합을 '마르 이 몬타냐(Mar y Montaña)', 즉 '바다와 산'이라고 부르지요. 특히나 바르셀로나가 속한 카탈루냐 지방은 지중해와 피레네산맥 사이에 위치하여 이 동네 미식가들은 풍성한 식재료를 바탕으로 한 육류와 해산물의 조합을 즐깁니다. 여기 소개하는 미트볼은 제가 가장 좋아하는 '바다와 산' 메뉴입니다.

※ 스페인어로 '알본디가스(Albóndigas)'는 '미트볼', '세피아(Sepia)'는 '갑오징어'를 뜻합니다.

 미트볼 약 15~17개 분량

- ☐ 갑오징어 몸통 250g(손질 후 무게)
- ☐ 양파 약 3/4개(150g)
- ☐ 토마토 약 2개(250g)
- ☐ 완두콩 약 1/2컵(50g)
- ☐ 육수 1과 1/2~2컵 (300~400mℓ, 35쪽)
- ☐ 화이트와인 약 1/3컵(70mℓ)
- ☐ 오징어먹물 1/4작은술(생략 가능)
- ☐ 올리브유 약간

미트볼
- ☐ 돼지고기 다짐육 150g
- ☐ 소고기 다짐육 300g
- ☐ 달걀노른자 1개
- ☐ 다진 마늘 1큰술
- ☐ 큐민파우더 1과 1/2작은술
- ☐ 빵가루 2큰술
- ☐ 밀가루 약간
- ☐ 소금 2작은술
- ☐ 후춧가루 약간

아몬드 페이스트
- ☐ 마늘 5쪽
- ☐ 아몬드 2큰술(30g, 또는 헤이즐넛이나 잣)
- ☐ 바게트 25g(또는 식빵)
- ☐ 육수 약 1/3컵(70mℓ, 35쪽)
- ☐ 소금 약간

미트볼의 다짐육은 지방이 적절히 있는 부위를 섞어 사용하면 더 맛있다.
살코기만 사용할 경우, 베이컨을 다져 넣어도 좋다.

How to Cook

1   갑오징어는 한입 크기로 썬다. 양파는 다지고, 토마토는 강판에 간다.
       냄비에 육수를 넣고 불에 올려 데운다.

2   볼에 미트볼 재료를 모두 넣고 섞어 반죽한 후 동그랗게 모양을 만든다.
       ······· 미트볼은 개당 약 30g이며, 약 15~17개 정도의 분량이다.

3   미트볼 겉면에 밀가루를 골고루 묻힌 후 가볍게 털어낸다.

4   충분히 예열한 팬에 올리브유를 넉넉히 두르고 미트볼을 넣은 후
       미트볼 겉면에 색이 충분히 나도록 중강 불에서 앞뒤로 구워 덜어둔다.
       ······· 이 단계에서 속까지 완전히 익힐 필요는 없다.

5   ④의 팬에 올리브유를 추가하고 마늘, 바게트를 넣어 중간 불에서 굽는다.
       빵은 양쪽 겉면이 바삭해질 때까지 노릇하게 굽고, 마늘은 앞뒤로 색이 충분히
       날 때까지 구워 덜어둔다.

6   올리브유를 더해가며 아몬드를 넣어 충분한 색이 나도록 2~3분간 굽는다.
       ······· 아몬드가 순식간에 탈 수 있으므로 주의한다.

7   믹서에 아몬드, 마늘, 빵, 팬에 남은 기름, 육수, 소금을 넣고 간다.
       ······· 페이스트가 너무 뻑뻑하면 육수나 물을 조금 더 추가한다.

8   충분히 예열한 팬에 올리브유를 두르고 갑오징어를 넣어 중강 불에서 갑오징어의
       수분이 완전히 날아가고 겉면이 노릇해질 때까지 충분히 볶는다.
       ······· 두꺼운 갑오징어라면 소금 간을 충분히 한다.

9   다진 양파를 넣고 양파의 수분으로 바닥을 긁으면서 충분히 볶은 후 토마토를 넣고
       수분이 거의 날아갈 때까지 중강 불에서 볶는다.

10   화이트와인을 넣고 2~3분간 끓여 알코올을 날린 후 데운 육수, ⑦의 페이스트,
       오징어먹물을 넣어 잘 푼다.
       ······· 육수를 데워 넣으면 재료와 육수가 빠르게 섞이고 풍미가 한층 좋아진다.
       ······· 아몬드 페이스트 대신 로메스코소스(42쪽)를 추가해도 좋다.
       ······· 오징어먹물을 넣으면 진한 색감과 바다 풍미를 낼 수 있다. 신선한 오징어가 있다면
              내장을 함께 볶아 조리하는 것도 좋다.

11   ④의 미트볼을 넣고 뚜껑을 덮은 후 국물이 끓어오르면 중약 불에서 10~15분 정도
       조리한다. 중간중간 눌어붙지 않도록 바닥을 잘 저어준다.

12   간을 확인하고 완두콩을 넣은 후 2~3분간 더 끓인다. 그릇에 담고 올리브유를 두른다.

Pincho Moruno
핀초 모루노

유럽과 북아프리카의 교차점에서
무어인 스타일의 꼬치구이

800여 년간 아랍의 지배를 받은 스페인. 특히 북아프리카와 인접한 안달루시아 지방은 알람브라, 메스키타 등 무어인(Moor, 이베리아 반도와 북아프리카에 살았던 이슬람계 사람들)의 영향을 받은 문화 유산들로 유명하지요. 음식에서도 그 영향을 찾아볼 수 있는데요, 큐민, 마늘, 오레가노 등 향신료 사용이 도드라집니다. 이 메뉴는 북아프리카 스타일의 향신료와 조리법이 스페인 남부와 교류하면서 탄생한 레시피라고 할 수 있습니다. 현지에서는 마트나 정육점에서 이렇게 양념된 꼬치를 바비큐용으로 손쉽게 구입할 수 있습니다.

 3~4인분 / 냉장실에서 1~2일 반죽 숙성시키기

- 양고기 800g(또는 닭고기, 소고기, 돼지고기 등)
- 올리브유 적당량
- 가니시용 장립종 쌀(바스마티, 자스민 등), 방울토마토, 다진 허브, 약간(생략 가능)

마리네이드소스
- 마늘 3쪽
- 피멘톤 2큰술
- 강황 3큰술
- 레몬즙 1개분
- 고수 10g(생략 가능)
- 큐민파우더 1과 1/2큰술(생략 가능)
- 시나몬파우더 1작은술(생략 가능)
- 정향 2개(생략 가능)
- 사프란 15~20가닥(생략 가능)
- 페페론치노 2~3개 (또는 베트남 건고추, 생략 가능)
- 화이트와인 3큰술(생략 가능)
- 올리브유 2큰술
- 소금 2큰술
- 후춧가루 약간

토스트한 빵 위에 구운 고기를 올려 먹거나,
바스마티나 자스민 등 향이 좋은 장립종 쌀로 지은 밥,
쿠스쿠스 등도 잘 어울린다

이 메뉴의 기원에는 흥미로운 이야기가 전해진다.
예전 아랍권에서는 식사 중에 테이블에서 칼로 고기를 써는 것이
매너에 맞지 않고 공격적이라 여겼기 때문에, 고기를 칼로 썰어 먹는 대신 꼬치를 사용해
고기를 입으로 빼 먹는 방식이 널리 퍼졌다는 설이 있다.

How to Cook

1.   핸드블렌더나 믹서에 마리네이드 재료를 모두 넣고 곱게 간다.
   - 고수는 잎과 얇은 줄기 부분만 사용한다.
   - 너무 뻑뻑하다면 와인, 물, 또는 레몬즙을 조금 추가한다.
   - 전통적인 방법으로 절구에 빻거나 작은 볼에 재료를 다져 넣고 섞어도 좋다.

2.   고기를 한입 크기로 썰어 볼에 담고 소스를 넣어 마사지하듯 버무린다.

3.   밀폐용기나 비닐에 넣고 냉장실에서 1~2일간 숙성시킨다.

4.   너무 차갑지 않도록 고기를 20~30분 전에 실온에 꺼내두었다가 꼬치에 끼운다.
   - 고기가 고루 익을 수 있도록 가급적 모양을 균일하게 끼운다.
   - 꼬치는 메탈 타입이 열전도율이 좋기 때문에 겉면이 오버쿡 되기 전에 속까지 잘 익힐 수 있어 추천한다. 나무 꼬치는 탈 수 있으므로 사용 전에 물에 충분히 적셔야 한다.

5.   야외에서는 붓을 이용해 고기에 식용유를 바른 후 숯불에 굽는다. 실내에서는 예열한 큰 팬이나 그릴에 올리브유를 살짝 두르고 중간 불에서 양념이 타지 않도록 자주 뒤집으면서 천천히 굽는다.

6.   그릇에 꼬치와 함께 밥이나 빵, 방울토마토, 다진 허브 등을 곁들인다.

Chef's Note

- 닭, 돼지, 소, 양 등 모든 종류의 육류를 사용할 수 있다. 닭은 다리살, 가슴살, 안심, 양은 꼬치용 제품이나 등심, 어깨살 등이 좋다.

- 집집마다 향신료를 다르게 사용하므로 집에 있거나 구하기 쉬운 재료 위주로 만들어보자. 꼭 필요한 재료는 마늘, 피멘톤, 큐민, 강황, 레몬, 소금, 후춧가루이고 나머지는 상황에 맞게 첨가한다.

- 마리네이드에 사용하고 남은 양념을 팬에 넣고 화이트와인을 약간 추가하여 중약 불에서 한 번 끓이면 꼬치, 밥, 빵에 소스처럼 사용 가능하다. 또한 이 양념을 물에 섞어 밥을 지으면 은은한 색감과 향을 낼 수 있다.

- 다양한 허브를 곁들이기도 한다. 특히 양고기는 민트와의 궁합이 뛰어나다. 익힌 고기에 생 허브믹스(파슬리, 민트, 고수, 바질 등)를 다져서 올려 먹거나, 쌈에 고기와 허브를 함께 싸 먹어도 좋다.

Chapter
7

재료 본연의 맛을
살린,
스페인 대표

튀김 요리

“ 영하의 날씨에도 야외 좌석이 먼저
채워지는 테라스의 나라, 스페인.
햇살 좋은 날, 테라스에 앉아
맥주 한 잔과 함께 노릇하게 튀겨낸
한 접시의 튀김을 즐기는 순간은
그야말로 하루를 마무리하는
최고의 시간이 아닐런지요.

튀김옷이나 반죽은 최소화하고,
재료 본연의 맛을 살리는 데 중점을
두는 스페인의 대표 튀김 요리들로
소소한 행복의 일상을 즐기세요. ”

Berenjenas con Miel

베렝헤나스 콘 미엘

간식으로, 안주로 사랑받는
꿀가지 튀김

40℃를 넘나드는 안달루시아의 뜨거운 여름,
길었던 태양의 시간이 지나고 어스름이 깔리면 사람들은 삼삼오오
테라스로 모여듭니다. 방금 튀겨낸 여름 제철 가지에
달콤한 꿀을 살짝 두르고, 시원한 맥주 한 잔을 곁들입니다.
그렇게 뜨거운 하루의 피로를 풀며 그들만의
여유로운 담소가 시작됩니다.

※ 스페인어로 '베렝헤나스(Berenjenas)'는 '가지',
 '미엘(Miel)'은 '꿀'을 뜻합니다.

 2~3인분

- ☐ 가지 1개
- ☐ 밀가루 약간
- ☐ 꿀 약간
- ☐ 소금 약간
- ☐ 식용유 적당량(튀김용)
- ☐ 다진 파슬리 약간(생략 가능)

현지 식당에서는 일반적으로 꿀 대신 흑갈색의 '사탕수수 시럽(Caña de miel)'을 사용한다. 취향에 따라 각종 시럽, 발사믹 글레이즈 등을 사용할 수도 있다.

How to Cook

1. 가지는 껍질을 살려 반달 모양, 막대 모양, 원형 슬라이스 등 원하는 모양으로 1~1.5cm 두께가 되게 썬다.
   ……… 써는 방법과 두께에 따라 다양한 식감을 느낄 수 있다.

2. 가지에 소금을 뿌려 밑간을 하고 20~30분간 체에 밭쳐 수분을 제거한 후 키친타월로 물기를 한 번 더 닦는다.
   ……… 이 과정을 통해 수분이 빠지면서 약간의 쓴맛도 함께 제거된다.

3. 뚜껑이 있는 용기나 비닐봉지에 밀가루, 가지를 넣고 가볍게 흔들어 골고루 묻힌 후 밀가루를 가볍게 털어낸다.

4. 팬에 식용유를 넉넉히 넣고 약 180°C(튀김 반죽이 중간까지 가라앉았다가 2초 후 바로 떠오르는 정도)로 예열한 후 가지를 넣어 중간 불에서 2분 30초~3분간 튀긴다.
   ……… 한 번에 너무 많은 양을 넣지 않는다.

5. 키친타월이나 체에 밭쳐 기름을 살짝 제거한 후 필요하다면 소금을 추가하고 꿀을 곁들인다.
   ……… 가지 튀김은 특히 최대한 뜨거울 때 바로 먹는 것이 맛있다.

Chef's Note

- 가지의 껍질 유무에 따라 식감이 달라지므로, 취향에 따라 필러를 사용해 껍질을 벗겨도 좋다. 껍질을 제거했다면 보통 얇고 긴 막대 모양(바토네)으로 잘라서 튀긴다.

- 살모레호(114쪽) 또는 꿀과 궁합이 좋은 고르곤졸라 등 블루치즈 계열의 소스와도 잘 어울린다.

- 가지 튀김을 더 맛있게 즐기는 '단짠 치즈소스' 만들기
  ① 소스팬에 작게 썬 고르곤졸라 100g(또는 블루치즈), 생크림 3/4컵(150㎖, 또는 생크림 75㎖ + 육수 75㎖)을 넣고 중간 불에서 섞으면서 끓인다.
  ② 끓어오르면 약한 불로 낮추고 약 5분간 거품기로 섞은 후 후춧가루를 넣는다. 소스의 질감은 생크림과 육수로 취향에 맞게 조절한다.

Bomba de la Barceloneta

봄바 데 라 바르셀로네타

바르셀로네타의 낭만을 담은
바르셀로나식 감자 크로켓

바르셀로나 해안가에 위치한 바르셀로네타 지구. 오늘 메뉴의 원조집인
'라 코바 푸마다(La Cova Fumada)'는 점심까지만 영업을 하다보니,
평일 휴무인 날에 바닷가에 휴가 온 듯한 기분으로 들르던 곳입니다.
머리 희끗희끗한 어르신들 가득한 노포에서 즐기던 평일 낮술의 낭만.
들뜬 마음으로 주문한 맥주 한 잔과 봄바. 소스가 흘러내리고
맥주 거품이 넘쳐 흐르면 나의 피에스타(Fiesta, 축제)가 시작됩니다.

※ 스페인어로 '봄바(Bomba)'는 '폭탄 또는 튀김볼'을 뜻합니다.

 2~3인분

- ☐ 돼지고기 다짐육 50g
- ☐ 초리소 50g
- ☐ 감자 약 2개(중간 크기, 350g)
- ☐ 양파 약 1/3개(80g)
- ☐ 마늘 2쪽
- ☐ 큐민파우더 1작은술
- ☐ 페페론치노 1~2개 약간
  (또는 베트남 건고추, 생략 가능)
- ☐ 시판 토마토소스 약 1/4컵
  (60g, 또는 토마테 프리토 40쪽,
  살모레타 44쪽)
- ☐ 소금 약간
- ☐ 후춧가루 약간
- ☐ 식용유 적당량
- ☐ 밀가루 약간(튀김용)
- ☐ 달걀물 약간(튀김용)
- ☐ 빵가루 약간(튀김용)
- ☐ 알리올리 약간(38쪽)
- ☐ 브라바소스 약간(46쪽)
- ☐ 가니시용 다진 허브 약간
  (파슬리, 타임 등)

일반적으로 돼지나 소의 다짐육, 또는 두 가지를 섞어 사용한다.
현지에서는 초리소, 치스토라, 부티파라 등의 다양한 소시지가 속재료로 등장하기도 한다.

How to Cook

1. 양파, 마늘은 다진다. 초리소는 껍질을 벗기고 작게 다진다.

2. 물에 소금을 약간 넣고 감자를 껍질째 넣어 중강 불에서 익힌다. 칼이나 젓가락으로 찔렀을 때 부드럽게 들어갈 정도까지 삶는다.

3. 감자가 완전히 식기 전에 껍질을 벗기고 매셔나 포크로 으깬 후 소금, 후춧가루로 간을 한다.

4. 예열한 팬에 식용유를 두르고 양파, 페페론치노를 넣어 중강 불에서 양파가 투명해질 때까지 볶는다.

5. 돼지고기, 마늘, 큐민파우더, 소금, 후춧가루를 넣고 볶는다. 고기의 핑크빛이 없어지면 초리소를 넣어 뭉친 부분이 없도록 주걱으로 잘 푼다.

6. 고기가 진한 색이 날 때까지 중강 불에서 충분히 볶는다.
   ……… 초리소의 기름이 너무 많이 나온다면 약간 덜어낸다.

7. 토마토소스를 넣고 중간 불에서 잘 섞으면서 졸인다. 필요에 따라 소금으로 간을 한다.
   ……… 생토마토를 갈아서 사용할 경우, 수분이 충분히 날아갈 때까지 조리한다.

8. 불을 끄고 한 김 식힌 후 ③의 볼에 넣고 섞어 반죽을 만든다.

9. 장갑을 끼거나 손에 식용유를 묻혀 반죽을 작은 공 모양으로 만든다.
   ……… 반죽이 잘 부서지므로 손으로 조심해서 작업한다.

10. 3개의 그릇에 각각 밀가루, 달걀물, 빵가루를 담고 밀가루, 계란, 빵가루 순으로 입힌다.

11. 팬에 식용유를 넉넉히 넣고 중강 불에서 180℃(튀김 반죽이 중간까지 가라앉았다가 2초 후 바로 떠오르는 정도)로 예열한다. ⑩의 반죽을 넣고 약 3분간 노릇하게 튀긴다.
    ……… 속은 이미 익은 상태이므로 겉면에 색이 날 정도만 가볍게 튀긴다.

12. 체에 밭쳐 기름을 제거하고 그릇에 담은 후 알리올리(38쪽), 브라바소스(46쪽)를 곁들인다. 다진 허브를 올린다.
    ……… 시판용 마요네즈에 우유, 다진 마늘, 레몬즙, 설탕 등 원하는 재료를 조금씩 넣어 거품기로 잘 섞으면 초간단 알리올리가 된다.

Boquerones en Adobo

보케로네스 엔 아도보

안달루시아식 해산물 튀김, 풍미의 정점
마리네이드 멸치 튀김

세비야 구시가지의 쇼핑 거리를 걷다 보면 '블랑코 세리요(Blanco Cerrillo)'의 고소한 생선 튀김 향이 코를 자극합니다. 그 유혹을 뿌리치지 못하고 어느새 자리에 앉아 맥주를 주문하고 있는 자신을 발견하게 되죠. 현지인들은 이 식당 골목을 '카예 보케론(Calle Boquerón)', 즉 '멸치 튀김 길'이라 부릅니다. 모든 테이블에 예외 없이 깔려 있는 메뉴는 마리네이드 멸치 튀김. 이 독특한 남부식 튀김의 매력을 여러분의 가정에서도 꼭 한번 경험해보시길 바랍니다.

※ 스페인어로 '보케론(Boquerón)'은 '멸치', '아도보(Adobo)'는 '마늘이나 피멘톤에 재우는 조리법'을 뜻합니다.

 2~3인분 / 멸치 4시간 이상 숙성시키기

- ☐ 생멸치 600g(손질 전 무게)
- ☐ 튀김가루 약간(튀김용)
- ☐ 식용유 적당량(튀김용)
- ☐ 가니시용 다진 파슬리, 레몬 슬라이스 약간(생략 가능)

마리네이드소스
- ☐ 마늘 3쪽
- ☐ 큐민파우더 1작은술
- ☐ 피멘톤 1과 1/2작은술

- ☐ 건오레가노 1작은술
- ☐ 식초 70㎖
- ☐ 소금 3작은술
- ☐ 물 140㎖

클래식한 버전에 가장 가까운 레시피이지만 기호에 따라
마리네이드소스에 고수시드, 월계수잎, 매운 고추, 생강, 가람마살라, 통후추, 레몬즙 등
다양한 향신료나 허브를 추가해도 좋다.

How to Cook

1. 멸치의 목뒤를 가위로 반 정도 자른 후 머리를 안쪽으로 굽혀 척추뼈와 내장을 함께 제거한다.
   ······ 나머지 잔가시는 제거하지 않아도 튀겨서 먹을 수 있다.

2. 볼에 찬물, 손질한 멸치를 넣고 약 20분간 담가 피를 뺀 후 가볍게 헹군다.
   ······ 피를 빼면 비린내 없이 깔끔한 맛을 낼 수 있다.

3. 절구에 마늘 → 큐민파우더 → 피멘톤, 건오레가노, 식초, 소금, 약간의 물 순으로 넣고 빻으면서 재료들을 잘 섞어 마리네이드소스를 만든다.
   ······ 식초는 화이트와인식초와 셰리와인식초를 반씩 섞어 사용했으며, 가정에서는 발사믹을 제외한 다른 종류의 식초를 사용하면 된다.
   ······ 절구 대신 믹서에 갈거나 칼로 다져도 된다.

4. 용기에 ②의 멸치를 깔고 ③을 끼얹은 후 마리네이드소스의 나머지 물을 절구에 부어 남은 양념을 헹구듯이 모아 용기에 함께 넣는다.
   ······ 용기를 살살 흔들어 양념을 고루 섞는다.

5. 냉장실에서 최소 4시간 이상 숙성시킨 후 체에 밭쳐 물기를 제거하고 키친타월로 한 번 더 물기를 닦는다.

6. 튀김가루를 골고루 입히고 살짝 털어낸다.

7. 팬에 기름이 넉넉히 넣고 센 불에서 180℃(튀김 반죽이 중간까지 가라앉았다가 2초 후 바로 떠오르는 정도)로 예열한다. 멸치를 넣고 총 2분~2분 30초 정도 튀긴다. 중간에 한 번 뒤집는다.
   ······ 멸치나 생선 크기와 양에 따라 튀기는 시간이 달라질 수 있다.

8. 키친타월이나 체에 밭여 기름을 제거한다. 소금, 후춧가루로 간을 한다. 다진 파슬리를 올리고 레몬을 곁들인다.
   ······ 뜨거울 때 바로 먹어야 맛있다.

Chef's Note

- 튀김가루 대신 밀가루를 사용할 때는 소금을 추가해 간을 맞춘다.

- 레몬, 마요네즈, 알리올리 등을 곁들이면 더 맛있다.

Tortillitas de Camarones

토르티이타스 데 카마로네스

바삭 고소한 추억의 맛
민물새우 전병

세비야를 관통해 대서양으로 흘러드는 과달키비르(Guadalquivir) 강.
이 강과 바다가 만나는 지역은 풍부한 식재료가 넘쳐나는 보물창고와 같습니다.
특히 이 지역의 특산물인 민물새우(Camaron, 튀김이나 탕에 넣어 먹는
작은 새우)를 활용한 전병 튀김은 이 동네 현지인과 여행객 모두에게 사랑받는
타파스인데요, 한국의 단골 이자카야에서 주문하던
'민물새우깡'이 그리울 때 종종 만들어 먹는 메뉴입니다.

※ 스페인어로 '토르티이타스(Tortillitas)'는 '작은 부침개 또는 전병',
  '카마론(Camarón)'은 '민물새우'를 뜻합니다.

 2인분

- [ ] 민물새우 200g
- [ ] 파슬리 15g(2큰술)
- [ ] 강황 1/2작은술(생략 가능)
- [ ] 밀가루 60g
- [ ] 병아리콩가루 40g
  (또는 밀가루나 튀김가루)
- [ ] 마늘가루 1큰술
- [ ] 소금 1큰술
- [ ] 후춧가루 약간
- [ ] 차가운 탄산수 1컵(200㎖, 또는 물)
- [ ] 얼음 약간(생략 가능)
- [ ] 식용유 적당량(튀김용)

타르타르소스나 매콤한 브라바소스(46쪽)와
함께 먹어도 맛있다

병아리콩가루는 영양가가 높고 소화가 잘 되는 특징이 있다. 글루텐 프리이며
더 바삭한 질감과 고소한 맛의 튀김을 만들 수 있다.
단, 특유의 향으로 호불호가 갈릴 수 있으며, 튀겼을 때 반죽이 두꺼워지는 단점이 있다.
현지에서는 보통 밀가루와 병아리콩가루를 6:4의 비율로 섞어 사용한다.

How to Cook

1. 파슬리는 잎만 떼어 다진다. 민물새우는 흐르는 물에 충분히 잘 씻어 체에 밭친다.

2. 볼에 민물새우, 얼음, 식용유를 제외한 나머지 재료를 모두 넣고 반죽에 끈기가 생기지 않도록 가볍게 섞는다.
   ……… 반죽을 많이 섞어 글루텐이 형성되면 튀김이 덜 바삭하다.

3. 민물새우를 넣고 살살 섞은 후 얼음을 넣는다.

4. 팬에 식용유를 넉넉하게 넣고 중간 불에서 180°C(튀김 반죽이 중간까지 가라앉았다가 2초 후 바로 떠오르는 정도)로 예열한다. ③의 반죽을 큰 숟가락이나 주걱으로 펼치듯이 넣고 반죽을 얇게 눌러 편다.
   ……… 적은 양의 기름에 전을 부치듯이 튀겨도 된다.

5. 양쪽 면이 노릇하게 색깔이 나도록 튀긴다. 집게로 건져 키친타월이나 체에 밭쳐 기름을 제거한다.
   ……… 시간은 반죽 두께에 따라 달라지므로 색깔과 바삭한 정도를 체크해 건진다.

Chef's Note

- 반죽은 차가운 상태에서 빠르게 작업하며, 얼음이나 탄산수를 사용하면 더욱 바삭하게 튀길 수 있다.

- 일반 숟가락보다 약 2.5배 큰 숟가락으로 반죽을 떠서 튀겼을 때 현지에서 판매하는 크기와 비슷하다.

- 소금의 양은 작은 반죽을 튀겨서 맛본 후 조절한다.

- 남은 튀김은 냉동 보관 후 해동하지 않고 바로 튀기거나 에어프라이어에 데워 먹는다.

- 간단한 샐러드나 타르타르소스와 함께 먹어도 잘 어울린다. 파슬리 대신 봄나물이나 간장을 곁들이면 한식 느낌을 낼 수 있다.

Mejillones Tigres

메히요네스 티그레스

껍질에 담아 들고 먹기 편한
홍합살 튀김

바르셀로나 요리 학교 첫 평가에서 주어진 미션은
클래식한 홍합 요리에 본인만의 감각을 더하는 것이었어요.
저는 그때 이 홍합 티그레에 태국식 그린 커리 소스와 칠리 피클을 조합했던
기억이 나네요. 이 메뉴는 홍합 껍질에 담아 하나씩 들고 먹기 편해서
파티 메뉴로 자주 애용하는 요리입니다. 여러분도 각자의 개성을 담아
홈 파티에 활용해보세요.

※ 스페인어로 '메히욘(Mejillón)'은 '홍합'을 뜻합니다.

 3~4인분 / 냉장실에서 반죽 12시간 굳히기

홍합찜
- ☐ 홍합 1kg
- ☐ 화이트와인 1/2컵(100㎖, 또는 물, 생략 가능)
- ☐ 레몬즙 1/2개분(2큰술, 생략 가능)
- ☐ 양파 1/2개
- ☐ 올리브유 1큰술
- ☐ 버터 65g
- ☐ 밀가루 65g + 약간(튀김용)
- ☐ 우유 약 2와 1/2컵(520㎖)
- ☐ 홍합육수 약 3/4컵 (130㎖, 홍합찜에서 나온 것)
- ☐ 소금 약간
- ☐ 후춧가루 약간
- ☐ 식용유 적당량(튀김용)
- ☐ 달걀물 약간(튀김용)
- ☐ 빵가루 약간(튀김용)

반죽을 동그랗게 빚어 튀기고 브라바소스를 올렸다. 홍합 껍질은 플레이트처럼 활용했다

반죽은 크로켓타처럼 타원형 또는 동그랗게 빚어도 된다.
홍합 껍질은 작은 플레이트처럼 활용할 수도 있다.

How to Cook

1. 홍합은 지저분한 것을 제거하고 깨끗이 씻는다. 양파는 작게 다진다.
   밀가루는 체 치고, 우유는 뜨겁게 데운다.

2. 냄비에 홍합, 화이트와인, 레몬즙을 넣고 뚜껑을 덮은 후 센 불에서 홍합 껍질이 벌어질 때까지 찐다. 불을 끄고 뚜껑을 덮은 채로 3분간 뜸 들인다.

3. 홍합은 체에 밭쳐 육수를 따로 모으고, 살은 발라 다진다.
   껍질은 조리용으로 펼쳐 말린다.

4. 예열한 팬에 올리브유, 버터를 넣고 버터가 녹으면 중강 불에서 양파, 소금을 넣고 불을 점점 낮추면서 양파가 갈색이 될 때까지 충분히 볶는다.
   ……… 매운맛을 낼 경우 이 과정에서 페페론치노(또는 베트남 건고추)를 추가해서 볶는다.

5. 밀가루(65g)를 넣고 약한 불에서 2~3분간 골고루 볶은 후 불을 끈다.
   데운 우유를 3~4번에 나누어 넣으면서 거품기로 잘 섞는다.

6. ③의 홍합육수를 넣고 싱거우면 소금, 후춧가루로 간을 한 후
   중강 불에 올린다.

7. 끓어오르면 ③의 다진 홍합살을 넣고 중약 불에서 바닥이 눌어붙지 않게
   잘 저으면서 조리한다.

8. 반죽이 팬 바닥에서 깨끗하게 떨어지는 상태가 되면 간을 최종 확인한다.

9. 넓은 그릇에 반죽을 펼쳐 담고 실온에서 식힌 후 냉장실에서 12시간 동안
   굳힌다.
   ……… 공기와 접촉되지 않도록 반죽 표면에 랩을 밀착시켜 덮는다.

10. 3개의 그릇에 각각 밀가루(약간), 달걀물, 빵가루를 담는다. 반죽을
    숟가락으로 떠서 홍합 껍질에 채운 후 밀가루 – 달걀물 – 빵가루 순으로
    입힌다.
    ……… 반죽이 마르지 않게 천으로 덮어가며 빠르게 작업한다.
    ……… 빵가루까지 입혀 냉동했다가 필요할 때 꺼내 해동 없이 바로 튀긴다.

11. 팬에 식용유를 넣고 센 불에서 180℃(튀김 반죽이 중간까지 가라앉았다가
    2초 후 바로 떠오르는 정도)로 예열한 후 반죽을 넣고 노릇하게 튀긴다.
    ……… 속은 이미 익은 상태이므로 겉면에 색이 날 정도단 가볍게 튀긴다.

12. 키친타월이나 체에 밭쳐 기름을 제거한 후 그릇에 담는다.

Bocata de Calamares

보카타 데 칼라마레스

마요르 광장의 명물, 오징어 튀김을 활용한
칼라마레스 샌드위치

10여 년 전, 스페인 신혼여행의 첫 끼니로 접했던 일명 '칼라마레스 샌드위치'.
지금도 추억의 사진첩 첫 페이지를 장식하는 특별한 메뉴입니다.
마드리드 여행의 필수 코스인 마요르 광장의 명물로,
'라 캄파냐(La Campana)', '라 이데알(Le Ideal)' 등 유명 맛집에서는 쉴 새 없이
오징어를 튀겨 냅니다. 오리지널 버전인 빵과 오징어 튀김, 마요네즈의
조합에 살짝 킥을 더해 제가 즐겨 먹는 방법을 소개합니다.

※ 스페인어로 '칼라마레스(Calamares)'는 '오징어 또는 한치 튀김'을 뜻합니다.

 2인분

칼라마레스
- 한치 700g(또는 오징어)
- 튀김가루 약간(또는 박력분)
- 소금 약간
- 식용유 적당량(튀김용)

샌드위치
- 청피망 80g
- 노란파프리카 80g
- 토마토 80g
- 양파 80g
- 올리브유 3큰술
- 셰리와인식초 1큰술 (또는 화이트와인식초)
- 소금 약간
- 후춧가루 약간
- 샌드위치용 빵 약간 (브리오슈 또는 핫도그빵)
- 마요네즈 약간
- 브라바소스 약간 (또는 모호 피콘 등 핫소스, 46쪽)

먹기 직전에 레몬즙이나 레몬제스트를 뿌리면
상큼한 맛을 더할 수 있다.

How to Cook

칼라마레스

1. 한치는 몸통의 내장과 뼈를 제거하고, 다리는 굵은 소금에 비벼 빨판을 잘 씻어낸 후 껍질을 벗긴다.
   ……… 키친타월을 이용해 껍질을 벗기면 편하다.

2. 한치 몸통과 다리를 적당한 크기로 썬 후 키친타월로 물기를 충분히 제거한다.

3. 트레이에 튀김가루를 넣고 한치를 넣어 골고루 묻힌 후 튀김가루를 살짝 털어낸다.
   ……… 뚜껑 있는 용기나 비닐봉지에 튀김가루와 한치를 넣고 흔들어 가루를 입혀도 된다.

4. 팬에 기름을 넉넉하게 넣고 중간 불에서 180℃(튀김 반죽이 중간까지 가라앉았다가 2초 후 바로 떠오르는 정도)로 예열한 후 ③의 한치를 넣고 약 2분 30초~3분간 튀긴다.
   ……… 한치를 기름에 넣을 때 재료가 겹치지 않도록 하나씩 떼어 넣는다.
   한 번에 너무 많은 양을 넣으면 튀김이 뭉칠 수 있다.
   ……… 튀김가루가 떨어질 수 있으므로 기름에 넣고 약 30초간은 휘젓지 않는다.

5. 키친타월에 올려 기름을 제거한 후 뜨거울 때 소금을 뿌린다.

샌드위치

6. 청피망, 토마토, 양파는 다진다.

7. 볼에 올리브유, 셰리와인식초를 넣고 잘 유화시킨 후 소금, 후춧가루로 간을 하고 ⑥을 넣어 섞는다.

8. 냉장실에서 약 30분간 차갑게 식히고 체에 밭쳐 물기를 제거한다.

9. 샌드위치용 빵 양면에 마요네즈를 바르고 ⑧의 채소, ⑤의 칼라마레스를 올린 후 브라바소스를 뿌린다.

Chef's Note

☀ 한치를 사용하면 칼라마레스 본연의 부드러운 식감을 잘 살릴 수 있다. 오징어를 구매한다면 가급적 작은 개체를 선택한다.

☀ 한치나 오징어의 귀(지느러미) 부분은 꼬들꼬들한 식감이 별미이다.

Flamenquín

플라멘킨

타파스 식당에서 빠지지 않는 튀김 메뉴
하몬 롤돈까스

스페인에도 지방마다 다양한 튀김 요리가 있지만,
단 하나만 주문할 수 있다면 저는 남부의 하몬 롤돈까스를 선택하겠습니다.
김밥처럼 길쭉하게 내어주는 튀김을 칼로 썰어 먹는 재미도 있고요,
무엇보다 돼지고기와 하몬의 조합에 치즈까지 살짝 녹아내리면,
맥주 안주로 이만한 것이 또 있을까 싶습니다. 같은 동네 출신의
꾸덕한 살모레호(114쪽)를 소스처럼 곁들여도 참 좋습니다.

 약 10개분

- 돈까스용 돼지고기 등심 800g
- 하몬 80g(또는 프로슈토, 햄)
- 달걀물 약간(튀김용)
- 빵가루 약간(튀김용)
- 식용유 적당량(튀김용)
- 소금 약간
- 후춧가루 약간
- 가니시용 감자 튀김, 살모레호 약간

하몬 롤돈까스에는 감자 튀김과 마요네즈나 알리올리,
살모레호를 곁들이는 게 국룰이다.

남부의 캐주얼한 타파스 식당에서 빠지지 않는 친숙한 튀김 메뉴로,
현지의 오래된 식당들은 보통 마요네즈, 알리올리와 감자 튀김을 곁들인다. 브라바소스(46쪽)와 같은
매콤한 소스도 잘 어울리고, 레몬 조각을 추가해 약간의 상큼함을 더해도 좋다.

How to Cook

1. 돼지고기 등심 윗면에 얇은 근막이 있으면 제거한다. 랩이나 종이포일을 덮거나 비닐봉지에 넣어 고기 망치로 두드려 얇게 편다.
   ……… 가볍게 두드리며 바깥쪽으로 밀어 고기를 고르게 펼친다. 너무 세게 두드리거나 얇은 부분을 반복적으로 두드리면 고기가 찢어질 수 있으니 주의한다.

2. 돼지고기에 소금과, 후춧가루로 간을 하고 하몬을 올려 만다.

3. 볼에 달걀을 풀고 ②의 고기를 담가 묻힌 후 빵가루를 입힌다. 이 과정을 두 번 반복한다.
   ……… 롤이 얇을 경우 밀가루 - 달걀 - 빵가루를 2번 입히면 튀김옷이 다소 두꺼워진다. 그래서 현지 식당들은 밀가루 없이 달걀 - 빵가루만 2번 입히는 방식을 선호한다.

4. 팬에 식용유를 넉넉히 넣고 중강 불에서 180℃(튀김 반죽이 중간까지 가라앉았다가 2초 후 바로 떠오르는 정도)로 예열한 후 ③을 넣어 고른 황금색이 날 때까지 6~7분 정도 튀긴다. 중간에 한 번 뒤집는다.
   ……… 고기 두께에 따라 튀기는 시간이 달라진다.

5. 키친타월이나 체에 밭쳐 기름을 살짝 제거한다. 취향에 따라 감자 튀김이나 마요네즈, 살모레호(114쪽)를 곁들인다.

Chef's Note

- 프랑스 또는 스위스 출신의 '코르동 블루(Cordon bleu)'처럼 돼지 등심 대신 닭가슴살을 사용해도 좋다.

- 속재료로 하몬을 사용하면 풍미가 깊어지며, 다른 햄 종류도 잘 어울린다. 마늘가루, 피멘톤 등 다양한 향신료를 사용해 풍미를 더할 수도 있다.

- 치즈를 넣을 경우 조리 과정 중 치즈가 녹아 흐르지 않도록 단단히 말고, 양 옆면에 구멍이 생기지 않도록 반죽을 잘 입힌다.

- 식용유를 붓이나 스프레이로 살짝 발라 오븐이나 에어프라이어에 구워도 된다.

Chapter 8

온 가족이 함께하는 푸근한

냄비 요리

" 유럽 남부는 가족 중심의 문화가 강하다고들 합니다. 스페인 역시 예외는 아니어서, 가족이 함께 둘러앉아 나누는 주말 식사는 한 주를 마무리하는 가장 소중한 시간입니다.

이때 식탁에 빠지지 않고 오르는 음식이 바로 '냄비 요리'입니다. 우리에게 된장찌개가 익숙하듯, 스페인 사람들에게도 냄비 요리는 전문 레스토랑보다는 일상적인 가정식에 더 가깝습니다.

푸근함과 따뜻함이 가득한 가족과의 시간, 스페인식 냄비 요리를 나누어보는 건 어떨까요? "

Sopa de Ajo

소파 데 아호

추운 날 목동들의 든든한 한 끼
마늘 수프

스페인을 대표하는 양젖 치즈 '만체고'로 잘 알려진 라 만차 지방. 차를 타고 이 동네를 여행하다보면 종종 도로를 점거(?)해 버린 양의 무리와 이들을 바른길로 인도 중인 목동들을 만나게 됩니다. 간단하면서 추운 날씨에 따뜻하고 든든하게 먹을 수 있는 목동들의 음식. 투박하지만 진짜 스페인 시골의 맛을 경험해 보기에 제격인, 마늘 수프입니다.

※ 스페인어로 '소파(Sopa)'는 '수프', '아호(Ajo)'는 '마늘'을 뜻합니다.

3~4인분

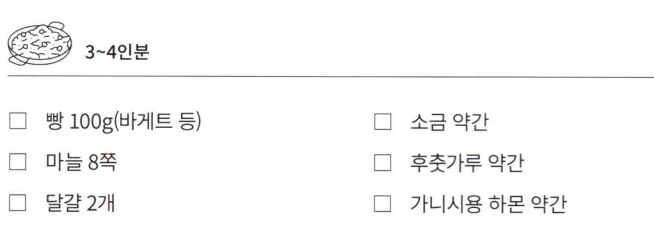
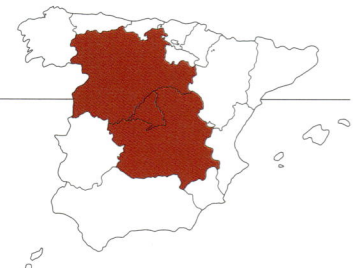

- ☐ 빵 100g(바게트 등)
- ☐ 마늘 8쪽
- ☐ 달걀 2개
- ☐ 피멘톤 1과 1/2작은술
- ☐ 육수 5컵(1ℓ, 35쪽)
- ☐ 소금 약간
- ☐ 후춧가루 약간
- ☐ 가니시용 하몬 약간
- ☐ 가니시용 허브 약간 (파슬리, 민트, 타임 등, 생략 가능)
- ☐ 올리브유 약간

🇪🇸 스페인의 요리 이야기

고야의 마늘 수프

마늘 수프는 오랜 역사를 가진 메뉴로, 스페인 출신의 18세기 유명 화가 프란시스코 고야(Francisco José de Goya)의 1823년 작품에도 등장한다.

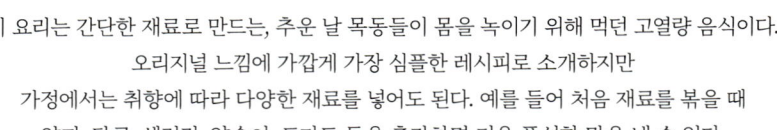

이 요리는 간단한 재료로 만드는, 추운 날 목동들이 몸을 녹이기 위해 먹던 고열량 음식이다.
오리지널 느낌에 가깝게 가장 심플한 레시피로 소개하지만
가정에서는 취향에 따라 다양한 재료를 넣어도 된다. 예를 들어 처음 재료를 볶을 때
양파, 당근, 셀러리, 양송이, 토마토 등을 추가하면 더욱 풍성한 맛을 낼 수 있다.

How to Cook

1   빵은 한입 크기로 썰고, 마늘은 편 썬다. 볼에 달걀을 푼다. 냄비에 육수를 넣고
    불에 올려 데운다.

2   냄비에 올리브유를 두르고 마늘을 넣은 후 중간 불에서 충분히 색과 향이 날 때까지
    볶는다.
    ……… 하몬이나 베이컨을 넣을 경우 이 과정에서 함께 넣어 볶는다.

3   빵을 넣고 볶다가 색이 나기 시작하면 약한 불로 줄이고 피멘톤을 넣어 살짝 볶는다.

4   데운 육수를 넣고 주걱으로 눌어붙은 바닥을 잘 긁은 후 중간 불에서
    약 10분간 끓인다.
    ……… 육수를 데워 넣으면 조리 온도가 일정하게 유지되면서 재료와 육수가 빠르게 섞이고
    풍미가 한층 좋아진다.

5   빵이 충분히 퍼지면 소금, 후춧가루로 간을 한다.
    ……… 하몬을 넣었다면 소금 양을 줄이거나 아예 필요 없을 수 있다.

6   달걀물을 넣고 중간 불에서 5분 정도 더 끓인 후
    그릇에 담고 하몬, 다진 허브 등을 올린다.

Chef's Note

- 현지의 국물 요리에 사용하는 하몬은 대부분 단단한 자투리 부위를 작게 자른 후 볶아서 사용한다.

- 돼지 사골 육수를 쓴다면 오리지널 느낌에 한발 더 가까워진다.

- 현지에서는 며칠 지나 못먹는 딱딱한 빵을 요리에 주로 사용한다.

- 빵의 밀도에 따라 육수의 양은 달라질 수 있다. 즉, 질감이 너무 뻑뻑하면
  물이나 육수를 추가하여 조절한다.

- 달걀은 풀어서 마지막에 살짝 익히거나, 서빙 직전에 달걀을 직접 올려 내는 방법도
  있다. 달걀의 양은 기호에 따라 조절 가능하다.

- 스페인 전통 요리나 가정식에서는 대부분 이탈리안 파슬리를 가니시로 사용한다.
  의외로 시골풍의 스튜(특히 돼지고기가 들어간 것)에는 민트도 잘 어울린다.

Crema de Calabacín

크레마 데 칼라바신

아이도 싹싹 맛있게 긁어먹는
주키니 수프

어느 날부터 딸아이가 몇몇 채소들이 맛이 없어 못 먹겠다고 으름장을 놓습니다. 채소를 골고루 먹이기 위해서는 결국 갈아서 숨기는 방법이 가장 효과적인 걸까요. 호박와 감자를 안 먹겠다던 아이도 이 수프를 끓여주면 싹싹 긁어먹고 리필을 청하네요.

※ 스페인어로 '크레마(Crema)'는 '걸쭉한 질감의 스튜나 퓌레', '칼라바신(Calabacín)'은 '주키니호박 또는 애호박'을 뜻합니다.

 2~3인분

- ☐ 주키니호박 약 2/3개
  (중간 크기, 400g, 또는 애호박)
- ☐ 감자 약 1개(작은 것, 150g)
- ☐ 양파 약 2/3개(130g)
- ☐ 대파 흰 부분 5~7cm(50g)
- ☐ 마늘 1쪽
- ☐ 육수 1과 1/2컵(300㎖, 또는 물)
- ☐ 올리브유 약간
- ☐ 소금 약간
- ☐ 후춧가루 약간
- ☐ 가니시용 부라타치즈, 하몬, 크루통, 견과류, 민트 등 약간(생략 가능)

주키니 수프에 부라타치즈, 생모짜렐라치즈, 하몬, 햄을 올리거나 크루통을 곁들여도 맛있다. 우리에게는 약간 생소하지만 현지에서는 수프 등의 국물 요리에 민트나 타임을 가니시로 올리는 조합을 좋아한다.

채소를 볶아서 끓이는 것과 바로 끓이는 것은 결과물에 차이가 있다.
채소를 바로 끓이면 맛과 향이 잘 보존되지만, 예민한 경우 특유의 풋내가 남을 수 있다.
반면, 채소를 충분히 볶아서 끓이면 담백함은 줄어들지만
색감과 맛이 더 진해지며, 감칠맛이 배가된다.

How to Cook

1.   감자, 호박은 한입 크기로 썬다. 양파는 채 썰고, 대파는 송송 썬다. 마늘은 다진다.
   ……… 나중에 재료를 모두 갈기 때문에 예쁘게 썰 필요는 없다.

2.   예열한 냄비에 올리브유를 두르고 양파를 넣어 중강 불~센 불에서
   양파가 투명해질 때까지 볶는다.

3.   호박, 대파, 소금을 넣고 수분이 거의 날아갈 때까지 볶는다.

4.   감자, 소금을 넣고 호박이 충분히 부드럽게 익고, 감자도 절반 정도 익은 상태가
   될 때까지 약 8~10분 정도 조리한다.

5.   다진 마늘, 소금, 데운 육수를 넣고 주걱으로 눌어붙은 바닥을 긁은 후 뚜껑을
   덮고 끓인다.
   ……… 육수 대신 물을 넣어도 된다. 고기, 닭, 사골, 채소, 다시마 등 원하는 종류의 육수를
   사용할 수 있다.

6.   육수가 끓어오르면 뚜껑을 열고 중약 불~중간 불로 낮춰 모든 재료가 완전히 부드럽게
   익을 때까지 약 10~12분간 조리한다. 중간에 2~3번 정도 잘 섞는다.
   간을 보고 필요 시 소금, 후춧가루를 추가한다.

7.   불에서 내려 믹서 또는 핸드블렌더로 모든 재료를 곱게 간다.
   ……… 뜨거운 국물이 튀지 않도록 주의하며, 한 김 식힌 뒤 작업해도 된다.

8.   그릇에 담고 취향에 맞게 가니시용 재료를 올린 후 올리브유를 두른다. 다진 민트를
   뿌린다.

Chef's Note

- 과정 ⑥에서 생크림을 약간 추가하면 식당에서 먹는 대중적인 맛에 가까운 수프를
  만들 수 있다.

- 육수나 물의 양으로 좀 더 되직한 수프나 한국식 국물 느낌 등의 질감으로 조절할 수 있다.

- 이 메뉴는 뜨거운 버전과 차가운 버전 두 가지로 제공할 수 있다.
  - 뜨거운 버전 : 생크림, 우유, 크림치즈나 치즈를 갈아서 넣기도 한다.
  - 차가운 버전 : 식힌 후 냉장 보관한다. 식으면 농도가 되직하게 느껴질 수 있으므로 물의 양을
    늘리거나 체에 한 번 내리면 좀 더 부드러운 질감이 된다.

Lentejas con Verduras

렌테하스 콘 베르두라스

아이들 급식 단골 메뉴
렌틸콩 스튜

먹는 게 제일 큰 관심사인 아빠가 첫째에게 매일 묻는 질문.
"우리 딸 오늘 급식 메뉴는 뭐였어?"
아무래도 아이들을 위한 자극적이지 않은 건강식 위주의 식단들인데요,
그중 압도적으로 많이 돌아오는 대답이 바로 "Lentejas!",
렌틸콩 스튜입니다. 절친 안토니오 역시 최소 주 1회는
꼭 이 메뉴를 먹는다고 이야기할 정도로,
이곳에서는 남녀노소 누구에게나 익숙한 가정식 메뉴입니다.

※ 스페인어로 '렌테하(Lenteja)'는 '렌틸콩',
  '베르두라(Verdura)'는 '채소'를 뜻합니다.

 3~4인분 / 렌틸콩 하룻밤 불리기

- ☐ 렌틸콩 400g(불리기 전 무게)
- ☐ 양파 1개
- ☐ 대파 흰 부분 1대
- ☐ 청피망 1개
- ☐ 애호박 1/2개
- ☐ 당근 1개
- ☐ 셀러리 100g
- ☐ 양배추 100g
- ☐ 감자 1개
- ☐ 토마토 1개
- ☐ 마늘 3쪽
- ☐ 월계수잎 1~2장
- ☐ 피멘톤 1작은술
- ☐ 큐민파우더 1/2작은술
- ☐ 닭육수 적당량(또는 물, 35쪽)
- ☐ 올리브유 약간
- ☐ 소금 약간
- ☐ 후춧가루 약간
- ☐ 가니시용 다진 파슬리 약간
  (생략 가능)

렌틸콩 스튜는 가정식 메뉴답게 조리법이 매우 다양한데, 오늘 소개하는 버전은
'오일'과 '볶음' 없이 100% 비건 재료만 사용해 최대한 자연의 맛을 살린 레시피이다.
'맛'에 포커스를 두고 보면 채소들을 올리브유에 충분히 볶은 후
육수를 넣고 끓이거나 채소와 함께 다진 고기, 베이컨, 초리소 등의
단백질 재료를 볶아서 조리하는 방법도 좋은 선택지가 될 수 있다.

How to Cook

1. 볼에 넉넉한 물, 렌틸콩을 넣고 하룻밤 불린다. 양파, 대파, 애호박, 당근, 셀러리, 양배추, 감자를 스튜용(과정①-2)과 소스용(과정①-3)으로 각각 1/2분량씩 썬다.
   ……… 스튜용은 작게 다지되 당근, 감자는 살짝 덩어리 있게 썬다. 소스용은 중간에 건져내기 쉽도록 통째로 또는 크게 썬다.

2. 냄비에 스튜용 감자, 토마토를 제외한 나머지 채소, 불린 렌틸콩, 소금, 마늘, 월계수잎, 피멘톤, 큐민파우더를 넣고 재료가 잠길 정도로 육수를 붓는다.
   ……… 육수 대신 물 또는 육수와 물과 섞어 사용할 수 있다.
   ……… 렌틸콩은 물에 불리면 무게가 약 2배 가까이 증가하며, 1인분은 약 100g(불리기 전 무게) 정도이다.

3. 재료를 전체적으로 잘 섞은 후 뚜껑을 덮고 센 불에 올려 끓어오르면 중간 불로 낮춰 25~30분 정도 끓인다. 중간에 한 번씩 잘 저어준다.

4. 콩의 익은 정도와 소금 간을 확인한 후 소스용 채소를 건져 토마토와 함께 믹서 또는 핸드블렌더로 간다.

5. 냄비에 ④, 스튜용 감자를 넣고 잘 섞은 후 뚜껑을 덮고 중약 불에서 약 15분간 끓인다.
   ……… 약간 씹히는 식감을 위해 감자를 나중에 넣는다.

6. 감자가 익으면 뚜껑을 열고 10분 정도 졸여가며 렌틸콩의 부드러운 정도와 소금 간을 확인한다.

7. 그릇에 담고 올리브유를 두른 후 다진 파슬리를 올린다.

Chef's Note

- 이 요리는 콩 국물이 구수한 '스페인식 청국장' 느낌으로, 콩과 채소는 건져 먹고, 국물에는 빵을 적셔 먹으면 좋다.
- 보통 향신료는 넣지 않거나 아주 살짝만 첨가한다. 피멘톤과 큐민의 양은 기호에 따라 조절 가능하다.
- 단호박, 시금치, 무, 양송이 등 냉장고 속 재료를 활용해도 좋다.
- 가니시로 셀러리, 청피망 등 익히지 않은 생채소를 다져 올리면 다른 식감을 낼 수 있다.

Garbanzos con Espinacas

가르반소스 콘 에스피나카스

이슬람의 유산을 담은 구수한 맛
시금치 병아리콩 스튜

약 800년간 이슬람 세계의 지배를 받았던 스페인. 음식에서도 그 영향들이 심심치 않게 나타나는데요, 사프란, 아몬드, 레몬, 대추야자 등을 사용하는 레시피를 그 예로 들 수 있습니다. 병아리콩과 시금치 또한 이 시기에 스페인에 전파되었다고 하지요. 이 두 가지를 조합한 오늘의 메뉴는 우리네 된장찌개와 같은 구수한 친근함을 선사합니다. 1670년에 오픈한 세비야의 레스토랑 '엘 링콘시요(El Rinconcillo)'에 가면 350년의 역사를 자랑하는 이 메뉴를 맛볼 수 있습니다.

※ 스페인어로 '가르반소(Garbanzo)'는 '병아리콩', '에스피나카(Espinaca)'는 '시금치'를 뜻합니다.

 3~4인분 / 렌틸콩 하룻밤 불리기

- ☐ 병아리콩 200g(불리기 전 무게)
- ☐ 시금치 500g
- ☐ 양파 1/2개
- ☐ 마늘 8쪽
- ☐ 바게트 슬라이스 2~3조각 (또는 식빵 1장)
- ☐ 아몬드 약 2큰술(35g)
- ☐ 시판 토마토소스 약 1/2컵 (100g, 또는 토마테 프리토 40쪽)
- ☐ 닭육수 1과 3/4컵(350㎖, 또는 병아리콩 삶은 물, 35쪽)
- ☐ 큐민파우더 1큰술
- ☐ 피멘톤 1과 1/2큰술
- ☐ 소금 약간
- ☐ 후춧가루 약간
- ☐ 올리브유 약간
- ☐ 가니시용 바게트 슬라이스, 허브 약간(생략 가능)

부활절 사순절 기간에 육식을 하지 않던 전통에서 비롯된 비건 메뉴로
초리소, 베이컨, 하몬 등을 추가하면 풍미를 더할 수 있다.

How to Cook

1 볼에 넉넉한 물, 병아리콩을 넣고 하룻밤 불린 후 체에 밭쳐 한 번 씻는다.

2 냄비에 넉넉한 양의 물, 병아리콩, 소금을 넣고 센 불에 올려 끓어오르면 거품을 잘 걷어낸 후 뚜껑을 살짝 덮고 중약 불~중간 불로 낮춰 부드럽게 으깨질 정도까지 80~90분간 삶는다.

……… 병아리콩은 물에 불리면 무게가 2배 이상 증가한다. 병아리콩을 물에 불리고 삶는 과정이 번거롭기 때문에 한 번에 많은 양을 삶아 소분해 냉동하면 편리하다. 현지에서는 삶은 병아리콩을 마트에서 쉽게 구할 수 있다.

3 병아리콩은 찬물에 헹구고 삶은 물은 따로 둔다.

4 끓는 물에 소금을 약간 넣어 섞은 후 시금치를 넣고 물이 다시 끓어오르면 시금치를 건져 차가운 물에 담가 식힌다.

5 시금치는 양손으로 물기를 꾹 짠 후 뭉쳐지지 않도록 듬성듬성 썬다. 양파는 작게 다진다.

6 팬을 중간 불에서 예열하고 올리브유를 넉넉하게 두른 후 마늘, 바게트 슬라이스를 넣고 앞뒤로 색이 충분히 날 때까지 구운 후 믹서볼에 넣는다.

7 ⑥의 팬에 아몬드를 넣고 중간 불에서 1분 정도씩 앞뒤로 색이 나도록 구운 후 남은 기름, 아몬드를 믹서볼에 넣는다.

8 깊이가 있는 용기에 토마토소스, 육수, 큐민파우더, 소금을 넣고 핸드블렌더로 간다.

9 예열한 냄비에 올리브유를 두르고 중간 불에서 양파를 넣고 볶다가 시금치를 넣고 볶는다.

……… 시금치는 너무 센 불에서 조리하면 눌어붙으니 주의한다.

10 소금, 후춧가루로 간을 하고 병아리콩을 넣어 볶은 후 피멘톤을 넣고 중약 불에서 볶는다.

11 육수, ⑧을 넣어 섞은 후 뚜껑을 덮고 중약 불에서 10~12분간 시금치가 완전히 퍼지고 수분이 거의 없어질 때까지 끓인다. 중간에 바닥을 잘 저어준다.

……… 너무 뻑뻑하면 육수나 병아리콩 삶은 물을 조금씩 추가한다.

12 달군 팬에 가니시용 바게트 슬라이스를 노릇하게 굽는다. 그릇에 스튜를 담고 구운 바게트, 허브를 올린다.

Papas con Choco

파파스 콘 초코

여름 남부 해안가의 별미
남부식 갑오징어 스튜

분기마다 아파트 이웃들과 파티오(정원)에서 포트럭 파티를 엽니다.
각자 자신 있는 음식을 한 가지씩 준비해 오는 방식인데,
대부분 연세가 있는 분들이라 덕분에 안달루시아 지방의 고전적인
가정식 메뉴들을 맛보고 배우는 절호의 기회를 얻고 있습니다.
바닷가 출신의 마놀로 할아버지에게 전수받은, 우리 파티의
최고 인기 메뉴를 소개합니다.

※ 스페인어로 '파파(Papa)'는 '감자'를 뜻하는 방언,
  '초코(Choco)'는 '갑오징어'를 뜻하는 방언입니다.

 3~4인분

- ☐ 갑오징어 1마리 700g (손질 전 무게)
- ☐ 감자 3개
- ☐ 양파 1개
- ☐ 청피망 1개
- ☐ 토마토 2개
- ☐ 마늘 4~5쪽
- ☐ 페페론치노 약간 (또는 베트남 건고추, 생략 가능)
- ☐ 화이트와인 1/2컵(100㎖)
- ☐ 육수 3컵(600㎖, 35쪽)
- ☐ 뇨라 페이스트 1큰술
- ☐ 피멘톤 1작은술
- ☐ 큐민파우더 약간(생략 가능)
- ☐ 올리브유 약간
- ☐ 소금 약간
- ☐ 후춧가루 약간
- ☐ 가니시용 다진 파슬리 약간

마지막에 익은 감자 몇 조각과 국물 약간을 건져낸 후 포크로 완전히 으깨고,
다시 냄비에 넣으면 좀 더 걸쭉하고 녹진한 스타일의 국물이 완성된다.

How to Cook

1. 양파, 피망, 마늘은 다지고, 토마토는 반으로 썰어 강판에 갈거나 작게 썬다.

2. 감자를 손질한다.
   - ……… 감자에 깊게 칼을 꽂고, 그 상태에서 손목을 왼쪽으로 비틀어 감자를 부러뜨린다. 이렇게 하면 감자에서 전분이 나와 국물이나 스튜 요리에 더 걸쭉한 질감을 낼 수 있다.
   - ……… 감자는 육수가 끓는 동안 손질해서 바로 사용하면 갈변을 막을 수 있다. 감자를 물에 씻으면 전분이 씻겨 나가기 때문에 가능한 씻지 않는 것이 좋다.

3. 갑오징어는 손질 후 2~3cm 폭으로 썬다.
   - ……… 조리 후 갑오징어의 부피가 많이 줄어들기 때문에 도톰하게 썬다.
   - ……… 비교적 조리 시간이 긴 스튜 계열의 음식에는 오징어보다는 살이 두꺼운 갑오징어를 주로 사용한다.

4. 예열한 냄비에 올리브유를 넉넉히 두르고 양파를 넣어 중강 불에서 색이 날 때까지 충분히 볶는다.

5. 청피망, 마늘, 페페론치노를 넣고 볶다가 마늘과 고추 향이 올라오면 갑오징어, 소금, 후춧가루를 넣는다.
   - ……… 마늘은 취향에 따라 더 넣어도 된다.
   - ……… 갑오징어 살이 두꺼우면 소금 간을 넉넉히 한다.

6. 센 불에서 수분을 완전히 날리며 볶은 후 중강 불로 낮춰 갑오징어의 색이 잘 나도록 약 15분간 조리한다.

7. 갑오징어가 충분히 색이 나면 화이트와인을 넣고 센 불에서 눌어붙은 바닥을 긁으면서 2~3분간 알코올을 날린다.
   - ……… 화이트와인에 갑오징어가 쪄지면서 맛이 배고 부드럽게 익는 과정이다.

8. 약한 불로 낮추고 뇨라 페이스트, 피멘톤, 큐민파우더를 넣고 살짝 볶는다. 토마토를 넣고 중강 불에서 토마토의 수분이 충분히 날아갈 때까지 약 10분간 충분히 볶는다.

9. 데운 육수를 넣고 바닥을 잘 긁은 후 감자를 넣는다.

10. 소금, 후춧가루로 간을 하고 센 불로 올려 끓어오르면 뚜껑을 덮고 감자가 부드러워질 때까지 중간 불에서 15~20분간 끓인다.

11. 소금 간을 확인하고 그릇에 담은 후 올리브유를 살짝 두른다. 다진 파슬리를 올린다.

Chorizo a la Riojana

초리소 아 라 리오하나

리오하 레드와인을 곁들인
초리소 감자 스튜

스페인의 No.1 와인 생산지, 리오하(Rioja) 지역의 전통적인 감자 스튜입니다.
초리소 소시지와 감자를 주재료로 한 풍미 가득한 요리로, 지역 특산물인
초리소의 고소한 기름과 감자의 부드러움이 어우러진 국물 맛이
꽤나 훌륭합니다. 가족들과 함께 나누기 좋은 든든한 식사 또는 레드와인에
곁들이는 안주가 되기도 하고요. 만들기도 간단해서 우리 가족의
겨울 캠핑 원픽 메뉴로 자리 잡고 있습니다.

 3~4인분

- □ 초리소 300g
- □ 삼겹살 150g
- □ 빨간파프리카 1개
- □ 토마토 1개
- □ 양파 1개
- □ 감자 약 5개(중간 크기, 1kg)
- □ 마늘 5쪽
- □ 육수 5컵(1ℓ, 또는 물, 35쪽)
- □ 월계수잎 1~2장
- □ 페페론치노 약간
  (또는 베트남 건고추, 생략 가능)
- □ 뇨라 페이스트 2큰술(생략 가능)
- □ 피멘톤 1/2큰술
- □ 소금 약간
- □ 후춧가루 약간
- □ 올리브유 약간
- □ 가니시용 다진 파슬리 약간
  (생략 가능)

클래식 버전에는 초리소만 들어가지만 삼겹살, 소시지, 햄 등
원하는 재료를 추가하면 더욱 풍성한 맛을 낼 수 있다.

How to Cook

1 파프리카, 토마토는 한입 크기로 썰고, 양파는 잘게 다진다. 감자는 전분이
  충분히 흘러나올 수 있도록 비틀어 부러뜨린다(255쪽 참고). 마늘은 편 썬다.

2 초리소는 껍질을 벗긴 후 1cm 두께로 슬라이스 하고,
  삼겹살은 한입 크기로 썬다. 냄비에 육수를 넣고 불에 올려 뜨겁게 데운다.

3 예열한 냄비에 올리브유를 넉넉히 두르고 중간 불에서 마늘을 볶아
  향을 낸 후 양파를 넣고 투명해질 때까지 볶는다.

4 파프리카, 소금을 넣고 볶아 파프리카가 부드러워지면 월계수잎,
  페페론치노를 넣고 살짝 볶는다.

5 센 불로 올려 삼겹살, 소금, 후춧가루를 넣고 볶는다.
…… 삼겹살에는 소금을 넉넉히 넣어 간을 맞춘다.

6 삼겹살이 절반 정도 익으면 초리소를 넣은 후 두 재료가 충분히 색이
  날 때까지 센 불에서 볶는다.

7 약한 불로 줄이고 뇨라 페이스트, 피멘톤을 넣고 살짝 볶은 후
  토마토를 넣고 중강 불로 올려 눌어붙은 바닥을 긁으면서 볶는다.

8 토마토가 부드럽게 퍼질 정도로 볶은 후 감자를 넣고 5~10분 정도 볶는다.

9 재료들이 충분히 잠길 만큼 데운 육수를 붓고 소금 간을 한 후 재료를
  잘 섞는다.
…… 육수를 데워 넣으면 조리 온도가 일정하게 유지되면서 재료와 육수가 빠르게
      섞이고 풍미가 한층 좋아진다.
…… 육수를 사용하면 더 강력한 감칠맛을 낼 수 있지만, 맛을 낼 수 있는 재료가
      충분하다면 물만 넣거나 육수와 물을 섞어 사용해도 된다.

10 센 불에서 국물이 한 번 끓어오르면 중약 불로 낮추고 뚜껑을 덮어
   약 10~15분간 끓인다. 중간에 바닥을 잘 젓는다.

11 뚜껑을 열고 15~20분간 졸이면서 소금 간을 확인한다.

12 감자가 부드럽게 익으면 일부를 건져 포크 등으로 으깬 후 다시 국물에 넣어
   걸쭉한 질감을 만든다. 다진 파슬리를 올린다.

Merluza a la Vasca

메를루사 아 라 바스카

온 가족이 함께 나누는 푸짐한
바스크식 해물찜

스페인에서도 특히 미식의 동네로 유명한 바스크 지방. 이곳이 음식으로
주목받는 가장 큰 이유는 뛰어난 자연환경 덕분인데요, 산과 바다, 들에서 나는
풍부한 식재료가 있기에 투박해 보이지만 깊은 맛이 나는 요리들이 가득합니다.
특히 예부터 어업이 발달했던 곳으로, 이 지역에서 가장 사랑받는 생선 중
하나인 '메를루사(Merluza, 대구의 일종)'를 활용한 겨울,
크리스마스에 먹기 좋은 가족 메뉴를 소개합니다.

 3~4인분 / 바지락 2~3시간 해감하기

- ☐ 흰살 생선 필렛 1kg(대구 등)
- ☐ 새우 400g
- ☐ 바지락 300g
- ☐ 메추리알 7~8개(또는 삶은 달걀)
- ☐ 양파 1개
- ☐ 마늘 5쪽
- ☐ 파슬리 20g
- ☐ 밀가루 1과 1/2큰술
- ☐ 완두콩 1/2컵(50g, 생략 가능)
- ☐ 화이트 아스파라거스 약간
  (또는 아스파라거스, 생략 가능)
- ☐ 화이트와인 1/2컵
  (100㎖, 드라이한 것)
- ☐ 해물육수 1과 1/2컵(300㎖, 35쪽)
- ☐ 피멘톤 약간(생략 가능)
- ☐ 소금 약간
- ☐ 올리브유 약간
- ☐ 가니시용 다진 파슬리 약간
  (생략 가능)

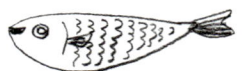

화이트 아스파라거스는 나바라, 바스크 등 스페인 북부 지방에서 재배되는 고급 채소로 봄이 제철이다. 현지 마트에서는 병조림 형태로 연중 접할 수 있다. 일반 아스파라거스로 대체 가능하다.

How to Cook

1. 생선 필렛은 7% 농도의 소금물(물 5컵(1ℓ)에 소금 약 8큰술(70g) 비율로 섞은 것)에 15~20분 담가 염지한다. 바지락은 3.5% 농도의 소금물 (물 5컵(1ℓ)에 소금 약 4큰술(35g) 비율로 섞은 것)에 2~3시간 해감한다.
   - ⋯⋯⋯ 충분히 두께감 있는 흰살 생선 필렛을 추천한다. 생선을 염수 염지(Brine)하면 수분 손실을 최소화하면서 균일하게 간을 할 수 있다.
   - ⋯⋯⋯ 조개를 사용하는 레시피에서는 조개의 크기나 종류에 따라 조개가 품고 있는 수분과 소금기가 다르므로 육수의 양이나 소금 양을 적절히 조절해야 한다.

2. 냄비에 넉넉한 양의 물, 소금, 식초, 메추리알을 넣고 끓어오르면 5분간 삶은 후 찬물에 식혀 껍질을 벗긴다.

3. 양파와 마늘은 다지고, 파슬리는 잎을 떼어 다진 후 일부는 장식용으로 남겨둔다. 냄비에 육수를 넣고 불에 올려 뜨겁게 데운다.

4. 중강 불로 예열한 팬에 양파를 넣고 볶다가 투명해지면 중간 불로 줄인 후 마늘, 파슬리를 넣고 볶는다.

5. 마늘 향이 올라오면 약한 불로 줄이고 밀가루를 넣어 2~3분간 잘 볶는다.

6. 화이트와인을 넣고 센 불에서 와인이 끓어오르면 2~3분간 눌어붙은 바닥을 잘 긁으면서 알코올을 날린 후 데운 육수를 넣어 끓인다.
   - ⋯⋯⋯ 해산물 요리에 사용하는 화이트와인은 드라이하거나 적절한 산미의 제품이 좋다.
   - ⋯⋯⋯ 육수를 데워 넣으면 조리 온도가 일정하게 유지되면서 재료와 육수가 빠르게 섞이고 풍미가 한층 좋아진다.

7. 끓어오르면 2~3분간 졸인 후 생선을 넣고 뚜껑을 덮어 중간 불에서 약 5분간 조리한다.
   - ⋯⋯⋯ 껍질 있는 생선은 껍질 면을 아래로 놓아야 살이 덜 부서진다. 또한 생선은 살이 매우 부드럽기 때문에 가급적 주걱이나 스페출러를 사용하지 않고 천천히 원을 그리듯 팬을 흔들며 조리하는 것이 좋다.

8. 바지락, 새우를 넣고 뚜껑을 덮은 후 바지락 껍질이 벌어질 때까지 약 5분간 중간중간 팬을 살살 흔들면서 조리한다.

9. 완두콩, 화이트 아스파라거스, 메추리알을 넣고 소금, 후춧가루로 간을 한 후 약 2분간 가볍게 섞는다. 다진 파슬리를 올린다.
   - ⋯⋯⋯ 농축된 소스의 질감을 원하면 완성된 요리를 그릇에 담고 국물을 센 불에서 졸여 원하는 질감의 소스를 만들어 끼얹는다.

Rabo de Toro

라보 데 토로

투우의 위대한 유산
소꼬리 찜

투우의 발상지 스페인 남부 안달루시아. 투우가 끝나고 죽은 소들의 부속 부위는
주로 가난한 사람들의 몫이었습니다. 부피는 크지만 살집은 적은 소 꼬리에
물과 와인을 붓고 양을 늘려 여럿이 나누어 먹었던 데에서 유래한 이 음식은
이제 고급 레스토랑에 빠지지 않는 요리로 그 위상이 달라졌지요.
천천히 조리된 소꼬리의 속살은 입에서 살살 녹으며
젤라틴의 기분 좋은 끈적임을 선사합니다.

※ 스페인어로 '라보(Rabo)'는 '꼬리', '토로(Toro)'는 '황소'를 뜻합니다.

 3~4인분

- ☐ 소꼬리 1개(1.5kg 내외)
- ☐ 양파 2개
- ☐ 당근 1개
- ☐ 대파 흰 부분 2대
- ☐ 마늘 5~6쪽
- ☐ 토마토 1~2개
- ☐ 레드와인 1컵(200㎖, 당도 있는 것)
- ☐ 육수 2와 1/2컵(500㎖, 35쪽)
- ☐ 뇨라 페이스트 1과 1/2큰술 (생략 가능)
- ☐ 밀가루 약간
- ☐ 월계수잎 1~2장
- ☐ 소금 약간
- ☐ 후춧가루 약간
- ☐ 올리브유 적당량
- ☐ 설탕 1큰술(생략 가능)
- ☐ 버터 25g
- ☐ 다크초콜릿 1조각(20g, 생략 가능)
- ☐ 가니시용 감자 퓌레, 다진 파슬리 약간(생략 가능)

현지에서는 퓌레나 튀김 형태의 감자를 가장 많이 곁들인다.
또한 빵을 소스에 충분히 적셔 먹는 문화가 일반적이다.

How to Cook

1   소꼬리는 찬물에 담가 2~3시간 핏물을 뺀다. 중간에 물을 한 번 교체한다.

2   소꼬리를 깨끗하게 씻은 후 키친타월로 물기를 완전히 제거하고 소금, 후춧가루로 간을 한다.
……… 소꼬리 표면이 완전히 덮일 정도로 소금을 충분히 뿌린다.

3   양파, 당근, 대파, 토마토는 손가락 1cm 길이로 썬다. 마늘은 두껍게 편 썬다.

4   소꼬리에 밀가루를 골고루 묻힌 후 여분의 밀가루는 털어낸다.

5   팬에 올리브유를 넉넉히 넣고 중강 불로 예열한 후 소꼬리의 모든 면이 색이 나도록 센 불에서 노릇사게 구운 후 덜어둔다. 중간에 올리브유가 부족하면 추가한다.
……… 꼬리 조각의 크기가 다르므로 작은 조각은 먼저 빼낸다. 이때 나온 육즙은 함께 모아 둔다.
……… 팬이 작다면 두 번에 나누어 굽거나 넓은 팬을 사용한다.

6   압력솥에 ⑤의 소꼬리를 구운 기름을 넣고 양파, 당근, 대파, 마늘, 소금을 넣어 센 불에서 눌어붙은 바닥을 긁으면서 5분 이상 볶는다.

7   채소를 약간 부드러워지면 약한 불로 줄이고 뇨라 페이스트를 넣어 살짝 볶는다.

8   중강 불로 올려 토마토, 소금을 넣고 토마토가 부드럽게 익을 때까지 5분 이상 볶는다.

9   레드와인을 붓고 눌어붙은 바닥을 긁으면서 중약 불에서 10분 정도 와인을 끓인다.

10   데운 육수, 소금, 설탕, 월계수잎, ⑤의 구운 소꼬리를 넣고 센 불에서 끓인다.

11   국물이 끓어오르면 압력솥 뚜껑을 덮고 약한 불에서 약 1시간 동안 끓인다.
……… 일반 냄비(육수 3컵)에 조리할 경우 뚜껑을 덮고 끓어오르면 중약 불~중간 불에서 고기가 부드럽게 뜯어질 때까지 3시간 이상 바닥을 잘 저으면서 끓인다.

12   불을 끄고 김이 모두 빠지면 소꼬리는 따로 덜어 두고, 국물은 핸드블렌더 또는 믹서로 간다.

13   국물에 버터, 다크초콜릿, 소꼬리를 다시 넣고 중간 불에서 10~15분 동안 졸인다.
……… 다크초콜릿을 넣으면 색감과 풍미를 더할 수 있다.

14   국물 농도가 적당해지면 간을 보고 소금을 추가해 소스를 만든다. 그릇에 소꼬리, 소스를 담고 감자 퓌레, 다진 파슬리를 올린다.
……… 데운 소스를 별도로 담아 테이블 위에서 플레이트에 부어주면 손님 초대용으로 더욱 근사한 요리가 된다.

Chapter 9

스페인 요리의
달콤한
마무리,

**스페인식
디저트**

" 식사가 끝났다고 해서 우리의 미각 여행이 마무리되는 건 아닙니다. 따뜻한 커피 한 잔에 곁들이는 디저트는 식사의 마지막을 장식하는 또 하나의 즐거움이지요.

이 시간은 단순히 달콤한 맛을 즐기는 데 그치지 않고, 식사 후 한참 동안 이어지는 대화와 여유의 시간, '소브레메사(Sobremesa)'로 자연스럽게 이어집니다.

우유, 달걀, 설탕, 시나몬 등 단순한 재료로 풍미를 살리는 스페인의 디저트는 오히려 그 소박함 덕분에 오래도록 사랑받아 왔습니다. 스페인식 단맛의 세계, 그리고 식탁 위에서 이어지는 대화의 여운까지 함께 즐겨보세요. "

Crema Catalana

크레마 카탈라나

유럽의 가장 오래된 디저트
카탈루냐식 크렘 브륄레

스페인에는 각 지역을 대표하는 디저트들이 있습니다.
그중에서도 현지인들이 가장 큰 애정과 자부심을 가지는
디저트를 꼽자면 바로 이 메뉴가 아닐까싶어요. 카탈루냐인들이
'크레마(Crema)'라 부르는 이 디저트는 부드럽고 크리미한 커스터드 위에
캐러멜화된 설탕층이 더해져 특별한 풍미를 선사합니다.
인접한 프랑스의 크림 브륄레와 비슷해 보일 수 있지만,
우유 베이스에 시나몬과 오렌지, 레몬 껍질을 더해 좀 더 가볍고
산뜻한 느낌을 줍니다.

 2~3인분 / 실온 1시간 식히기 + 냉장실 4시간 굳히기

- ☐ 우유 2와 1/2컵(500㎖)
- ☐ 달걀노른자 5개
- ☐ 옥수수 전분 25g(또는 밀가루 50g)
- ☐ 설탕 90g + 2큰술
- ☐ 시나몬스틱 1과 1/2개
  (또는 시나몬파우더 1과 1/2작은술)
- ☐ 오렌지 1개
- ☐ 레몬 1개
  ＊ 오렌지와 레몬 둘 중 하나만
  2개로 늘려 만들어도 된다
- ☐ 장식용 과일, 허브 약간
  (생략 가능)

충분히 차게 해서 먹으면 속은 차갑고 윗면은 뜨거운 반전의 온도감을 즐길 수 있다.
각종 베리류(딸기, 블루베리, 산딸기)와 궁합이 좋다.

How to Cook

1   오렌지, 레몬은 깨끗이 씻어 필러로 껍질을 벗긴다. 옥수수 전분은 체에 쳐서 준비한다.
        ······· 레몬이나 오렌지 껍질의 흰 부분은 쓴맛이 나므로 감자 필러로 최대한 얇게 벗긴다.

2   냄비에 우유 2/3 분량(1과 1/2컵 정도), 오렌지 껍질, 레몬 껍질, 시나몬스틱을 넣고 중간 불에서 끓인다. 우유가 끓어오르면 불에서 내린다.

3   냄비 뚜껑을 비스듬히 덮고 30분 정도 맛을 우려내면서 우유를 식힌다.
        ······· 이때 티백이나 허브 등 다른 재료를 기호에 따라 넣고 함께 우려도 된다.

4   볼에 달걀노른자, 설탕(90g)을 넣고 설탕이 완전히 녹을 때까지 거품기로 충분히 섞는다.

5   다른 볼에 나머지 우유(1컵 정도), 옥수수 전분을 넣고 바닥까지 거품기로 잘 섞은 후 ④에 넣고 섞는다.

6   ③을 체에 거른 후 ⑤에 2~3번 나누어 넣으면서 거품기로 잘 섞는다.
        ······· 우유가 너무 뜨거우면 달걀이 익어 덩어리질 수 있으니 주의한다.

7   ③의 냄비를 세척 후 ⑥을 넣고 중약 불~중간 불에서 눌어붙지 않게 주걱이나 거품기로 계속 저으면서 5~7분간 가열한다.

8   우유가 끓어오르기 직전 걸쭉한 크림의 농도가 되면 불을 끄고 30초 정도 잘 섞은 후 체에 거른다.

9   국자를 이용해 내열용기에 담고 바닥 면을 탕탕 치거나 스페출러로 표면을 평평하게 한 후 실온에서 1시간 정도 식힌다.
        ······· 식으면 크림이 살짝 굳으므로 따뜻할 때 작업해야 한다.

10   랩을 씌우고 냉장실에서 최소 4시간 동안 충분히 차갑게 굳힌다.

11   먹기 직전에 윗면에 설탕(2큰술)을 충분히 뿌리고 토치로 열을 가해 캐러멜라이징한다. 과일, 허브 등을 올려 장식한다.

Chef's Note

✸   냉장실에서 3~4일 보관 가능하며, 냉동도 가능하다. 다만, 캐러멜라이징을 한 경우라면 시간이 지나면 물이 생기기 때문에 바로 먹어야 한다.

Arroz con Leche

아로스 콘 레체

쌀과 우유의 달콤한 만남
라이스 푸딩

'쌀과 우유'라는 뜻의 '아로스 콘 레체(Arroz con Leche)'는 스페인은 물론
라틴 아메리카 등 스페인어권의 많은 나라들에서 사랑받는 디저트입니다.
전국의 레스토랑 어디에서나 디저트 메뉴에서 쉽게 찾아볼 수 있으며,
부드럽고 크리미한 맛과 쌀의 고소한 풍미가 어우러져
마치 '달콤한 리소토'처럼 느껴집니다. 처음에는 디저트로
'밥'을 먹는 것이 조금 낯설었지만,
이제는 그 특별한 매력을 느끼며 즐기고 있습니다.

※ 스페인어로 '아로스(Arroz)'는 '쌀 또는 쌀 요리',
   '레체(Leche)'는 '우유'를 뜻합니다.

 3~4인분/ 냉장실 3~4시간 굳히기

- ☐ 쌀 90g
- ☐ 우유 5컵(1ℓ)
- ☐ 생크림 1컵(200㎖)
- ☐ 오렌지 1/2개(또는 레몬, 라임)
- ☐ 시나몬스틱 1개 (또는 시나몬파우더 1작은술)
- ☐ 바닐라빈 1개(또는 바닐라 익스트랙트 1과 1/2작은술)
- ☐ 소금 1/2작은술
- ☐ 설탕 75g
- ☐ 버터 20g
- ☐ 가니시용 시나몬파우더 약간 (생략 가능)

서빙 시 기호에 따라 시나몬파우더, 민트, 베리류,
건포도, 아몬드 슬라이스, 호두, 레몬즙 등을 곁들여도 좋다.
보통 차게 해서 먹지만, 뜨겁게 바로 먹어도 맛있다.

How to Cook

1   오렌지는 깨끗이 씻어 필러로 껍질을 얇게 벗긴다.
       ……… 레몬이나 오렌지 껍질의 흰 부분은 쓴맛이 나므로 감자 필러로 최대한 얇게 벗긴다.

2   냄비에 우유, 생크림, 쌀, 오렌지 껍질, 시나몬스틱, 소금을 넣고 중간 불에서 가열한다.

3   우유가 끓기 시작하면 중약 불로 낮추고 쌀이 바닥에 눌어붙지 않도록 잘 저으면서 35~40분간 천천히 조리한다.

4   쌀이 부드럽게 익으면 설탕, 바닐라빈을 넣고 잘 저으면서 7~8분간 조리한다.
       ……… 취향에 따라 설탕의 양을 조절한다.

5   불을 끄고 오렌지 껍질, 시나몬스틱을 제거한 후 버터를 넣어 천천히 저어가며 녹인다.

6   한 김 식히고 밀폐용기에 넣어 냉장실에서 3~4시간 차갑게 굳힌다. 기호에 따라 시나몬파우더를 뿌린다.
       ……… 작은 그릇에 소분하여 랩을 씌운 후 냉장 보관해도 된다.

Chef's Note

- 조리 과정에서 쌀을 주걱 등으로 꾸준히 저어주어야 크리미하고 부드러운 질감의 쌀 요리가 완성된다.

- 자스민 같은 장립종(Long-grain) 쌀보다는 전분이 풍부한 단립종(Short-garain, 한국 쌀은 대부분 단립종)으로 조리해야 크리미하고 부드러운 질감을 잘 살릴 수 있다.

- 디저트에 바닐라 향을 더할 때는 바닐라빈을 사용하는 것이 가장 좋지만, 가격이 비싸므로 바닐라 익스트랙트로 대체 가능하다. 바닐라 에센스는 가열 시 향이 날아갈 수 있어 추천하지 않는다.

- 윗면에 설탕을 뿌리고 토치로 캐러멜라이징해도 좋다(273쪽 참고). 이 경우 내열용기를 사용한다.

- 우유에 코코넛밀크를 섞고 망고를 곁들이면 트로피컬한 분위기를 낼 수 있다. 생강, 팔각, 정향 등의 향신료를 더해 스파이시한 맛을 더해도 된다.

Torrijas de Vino

토리하스 데 비노

부활절의 달콤한 유산
안달루시아식 프렌치 토스트

'토리하스(Torrijas)'는 전통적으로 부활절에 먹는 디저트로 지역마다
다양한 변형이 존재합니다. 최근에는 우유 베이스에 브리오슈로 만든
프렌치 토스트 스타일이 트렌디한 인기 메뉴로 자리 잡았지만,
저는 좀 더 전통적인 안달루시아식 버전을 소개하고자 합니다.
와인이 많이 남을 때면 이따금씩 만들어 이웃들과 나눔을 하는데요,
특히 연세가 있는 분들에게 인기가 많습니다.
와인에 푹 담근 빵은 풍미가 좋고,
와인의 향과 달콤함이 어우러져 독특한 미각의
경험을 선사합니다.

※ 스페인어로 '비노(Vino)'는 '와인'을 뜻합니다.

 3~4인분

- □ 바게트 1개
- □ 달걀 3개
- □ 레드와인 2컵(400㎖)
- □ 물 1과 1/4컵(250㎖)
- □ 설탕 160g
- □ 시나몬스틱 1개
  (또는 시나몬파우더 1작은술)
- □ 레몬 껍질 1개분
  (또는 오렌지 껍질)
- □ 소금 약간
- □ 올리브유 약간
- □ 시나몬 설탕 약간
  (설탕과 시나몬파우더를 4:1의
  비율로 섞은 것, 또는 설탕)
- □ 장식용 과일, 허브 약간
  (생략 가능)

현지에서는 아이스크림, 꿀, 메이플 시럽, 초콜릿, 과일, 견과류,
휘핑크림 등 다양한 조합으로 사랑받고 있다.

How to Cook

1 바게트는 2~2.5cm 두께로 썬다. 볼에 달걀, 소금 한 꼬집을 넣고 잘 섞어 달걀물을 만든다.

2 냄비에 와인, 물, 설탕, 시나몬스틱, 레몬 껍질을 넣고 중간 불에서 가열해 끓어오르면 불에서 내린다.
    ……… 레몬이나 오렌지 껍질의 흰 부분은 쓴맛이 나므로 감자 필러로 최대한 얇게 벗긴다.

3 뚜껑을 덮고 약 20분간 맛을 우려낸 후 체에 거르고 식힌다.

4 ③에 바게트를 푹 담갔다가 달걀물을 양면에 묻힌다.

5 예열한 팬에 올리브유를 넉넉히 두르고 중간 불에 올려 양면이 노릇하게 색이 나도록 굽는다.

6 넓은 트레이에 시나몬 설탕을 깔고 바게트 양면에 묻힌다. 과일, 허브 등을 올려 장식한다.

Chef's Note

※ 조리 과정에서 기름이 너무 뜨거우면 탈 수 있으니 주의한다. 기름에 버터를 녹인 후 빵을 구워도 좋다.

※ 가정에서는 보통 1~2일 지난 빵을 사용한다. 신선한 빵보다는 약간 건조해진 빵이 와인과 달걀물을 잘 흡수해서 더 맛있다.

※ 현지에서는 부활절 전후에 마트에서 이 메뉴를 위한 전용 빵이 판매된다. 빵의 두께가 너무 얇거나 식빵처럼 너무 부드러우면 작업 과정에서 빵이 찢어질 수 있다.

※ 가정에서 남은 와인을 처리할 때 좋다. 화이트와인을 사용하거나 여러 와인을 합쳐서 사용해도 된다. 당도가 높은 와인은 설탕의 양을 조절한다.

Buñuelos de Viento

부뇨엘로스 데 비엔토

빠질 수 없는 축제의 간식
스페인식 도넛

스페인 방방곡곡을 여행하다 보면, 자연스럽게 크고 작은 지역 축제들을
만날 수 있습니다. 우리의 솜사탕이나 호떡처럼, 스페인식 도넛인
'부뉴엘로스(Buñuelos)'는 추로스와 함께 스페인 전통 축제나
길거리 이벤트에서 빠지지 않는 대표적인 간식입니다.
튀긴 직후가 가장 맛있는 스페인식 도넛은 바삭하면서도 속이 텅 빈
폭신한 질감이 재미있습니다. '부뉴엘로스'는 나라별로 다양하게
변형되어 나타나기도 하는데요, 스페인에서는
단호박이나 대구살을 사용한 버전도 유명합니다.

※ 스페인어로 '부뉴엘로스(Buñuelos)'는 '가벼운 튀김과자', '
비엔토(Viento)'는 '바람'을 뜻합니다.

 2~3인분

- ☐ 중력분 80g
- ☐ 달걀 2개
- ☐ 우유 125㎖(또는 물)
- ☐ 레몬 껍질 1/3개분
  (또는 오렌지 껍질)
- ☐ 시나몬파우더 약간
- ☐ 버터 50g
- ☐ 소금 1/2작은술
- ☐ 설탕 2작은술 + 약간
- ☐ 식용유 적당량(튀김용)

축제의 푸드 트럭에서는 다양한 토핑 옵션을 제공한다.
예를 들어, 다크초콜릿이나 밀크초콜릿소스, 딸기 크림, 바닐라 크림 등의 옵션이 있다.
슈크림처럼 구멍을 뚫어 속에 필링을 채우기도 하며
가정에서는 꿀, 시럽, 딸기잼, 요거트 등과 함께 즐기기도 한다.

How to Cook

1. 밀가루는 체에 쳐서 준비한다.

2. 냄비에 우유, 레몬 껍질, 시나몬파우더를 넣고 중간 불에서 우유가 끓어오르기 직전까지 천천히 가열한다.
    ……… 레몬이나 오렌지 껍질의 흰 부분은 쓴맛이 나므로 감자 필러로 최대한 얇게 벗긴다.

3. ②에 버터, 소금, 설탕(2작은술)을 넣고 중간 불에서 버터가 완전히 녹을 때까지 잘 섞은 후 불을 끄고 체에 거른다.

4. 체 친 밀가루를 넣고 뜨거울 때 주걱이나 스페출러로 반죽을 빠르게 섞는다.

5. 냄비 벽에 반죽이 묻어나지 않을 때까지 섞은 후 약 5분간 식힌다.
    ……… 반죽의 양에 따라 큰 볼에 옮겨 작업하면 수월하다.

6. ⑤에 달걀 1개를 넣고 주걱으로 잘 섞어 반죽한 후 완전히 섞이면 달걀 1개를 더 넣고 같은 과정을 반복한다.

7. 냄비에 식용유를 넣고 180℃(튀김 반죽이 중간까지 가라앉았다가 2초 후 바로 떠오르는 정도)로 예열한다.

8. 티스푼 두 개를 준비하고 반죽을 떠서 다른 한 개의 스푼으로 밀어 기름에 떨어뜨린 후 중간 불에서 노릇하게 튀긴다.
    ……… 한 번에 너무 많은 반죽을 넣으면 반죽이 서로 달라붙을 수 있으니 주의한다.

9. 넓은 트레이에 설탕(약간)을 깔고 도넛이 뜨거울 때 넣어 묻힌다.
    ……… 기호에 따라 설탕에 시나몬파우더를 섞어도 좋다.

Chef's Note

※ 부뉴엘로스(Buñuelos)는 구형 모양으로 튀긴 밀가루 반죽을 통칭하는 이름으로, 다양한 버전이있다. 책에서 소개하는 부뉴엘로스 비엔토(Buñuelos de Viento)는 가장 대중적이고 기본적인 형태로, 속이 가볍고 바람처럼 부풀어 오른 느낌을 즐기는 간식이다. 식은 후에 먹으면 속이 푹 꺼지는 가벼운 식감이 더욱 잘 느껴진다.

※ 식사 전채용 부뉴엘로스는 염장 대구를 이용한 버전이 대표적이다.

Tarta de Santiago

타르타 데 산티아고

순례길에서 맛보는 달콤함
산티아고 케이크

급하게 손님을 맞이해야 하는 날에는 보통 단 세 가지 재료로
실패 없이 맛을 내는 산티아고 케이크를 준비합니다. 순례길의 종착지인
'산티아고 데 콤포스텔라'에 방문하면, 모든 상점에서는 십자가 모양이 장식된
이 케이크를 볼 수 있는데요, 이 십자가는 산티아고(성 야고보)의 상징이며,
순례길은 그의 성스러운 여정을 의미합니다.
십자가는 단순한 장식을 넘어 역사적이고 종교적인 깊이를
담고 있는 중요한 상징인 셈입니다.

※ 스페인어로 '타르타(Tarta)'는 '케이크'를 뜻합니다.

 지름 24cm, 높이 7cm 틀 1대 분량

☐ 아몬드가루 250g
☐ 달걀 5개
☐ 설탕 250g
☐ 레몬 껍질 1개분
☐ 버터 약간(또는 식용유)
☐ 장식용 슈거파우더 약간

책에서 소개한 달걀, 아몬드가루, 설탕 비율은
스페인에서 가장 보편적으로 사용하는 클래식한 레시피이다.
오리지널 버전의 당도가 너무 높다면 설탕을 10~15% 줄여도 된다.

How to Cook

1 틀에 유산지를 깔고 옆면과 바닥에 버터를 바른다. 오븐은 180°C로 예열한다.
   ……… 틀에 기름을 바를 때는 에어프라이어용 스프레이 오일을 사용하거나 버터 조각을 직접 문지른다.

2 볼에 달걀을 넣어 풀고 설탕, 레몬 껍질을 넣어 거품기로 잘 섞는다.

3 거품이 많이 생기고 설탕이 완전히 녹으면서 달걀물이 살짝 흰색이 될 때까지 섞는다.

4 아몬드가루를 넣고 반죽이 되직해질 때까지 충분히 섞은 후 틀에 넣는다.

5 예열한 오븐의 중간층에 넣어 25~30분간 굽는다.
   ……… 케이크를 오븐의 제일 윗 칸에 넣으면 윗면만 탈 수 있으므로 주의한다. 케이크의 가운데에 이쑤시개나 젓가락을 꽂았을 때 반죽이 묻어나지 않으면 잘 익은 것이다.

6 식힘망 등에 올려 충분히 식힌 후 틀에서 꺼내 완전히 식힌다.
   ……… 케이크는 충분히 식힌 후 틀을 제거한다. 뜨거울 때 틀에서 꺼내면 케이크의 모양이 깨질 수 있다.

7 산티아고 십자가(Cruz de Santiago) 등 원하는 문양을 올리고 슈거파우더를 체에 담아 살살 뿌린다. 문양을 뺀다.

Chef's Note

☀ 반죽에 시나몬파우더, 오렌지제스트, 바닐라 익스트랙트 등을 추가해도 된다. 이 경우 풍부한 맛을 낼 수는 있지만, 아몬드 자체의 풍미가 상대적으로 약해질 수 있다.

☀ 아몬드 슬라이스를 토핑해도 좋다.

☀ 산티아고(Santiago)는 스페인어에서 성 야고보(Saint James)의 이름을 나타낸다. 오늘날 많은 사람들이 방문하는 산티아고 순례길(Camino de Santiago)의 최종 목적지인 '산티아고 데 콤포스텔라'는 성 야고보의 유해가 묻힌 성지이며, 사람들은 순례의 상징으로 이 특별한 십자가 문양을 케이크에 사용한다.

Index

가나다 순

ㄱ
가스파초 _ 108
갈리시아식 뿔뽀 _ 072
감바스 알 아히요 _ 146
갑오징어 철판구이 _ 154
꿀가지 튀김 _ 206

ㄴ
남부식 갑오징어 스튜 _ 252
노가리 샐러드 _ 140

ㄷ
닭육수 _ 035
대구살 페이스트 _ 170
데친 새우 _ 150

ㄹ
라만차식 파프리카 샐러드 _ 120
라이스 푸딩 _ 274
러시안 샐러드 _ 056
레드와인 초리소 _ 076
렌틸콩 스튜 _ 244
로메스코소스 _ 042

ㅁ
마늘 수프 _ 236
마리네라소스 홍합 _ 162
마리네이드 돼지 등심 _ 184
마리네이드 멸치 튀김 _ 214
모호 베르데 _ 048
모호 피콘 _ 048
멸치 마리네이드 _ 068

무머인 스타일의 꼬치구이 _ 200
미트볼과 갑오징어 스튜 _ 196
민물새우 전병 _ 218

ㅂ
바르셀로나식 감자 크로켓 _ 210
바스크식 해물찜 _ 260
바지락 술찜 _ 158
발렌시아식 전통 빠에야 _ 094
브라바소스 _ 046
비트 살모레호 _ 118

ㅅ
산티아고 케이크 _ 286
살모레타 _ 044
살모레호 _ 114
상추 앤초비 샐러드 _ 136
세비야식 토마토 마리네이드 _ 128
소꼬리 찜 _ 264
스페인식 도넛 _ 282
스페인식 오믈렛 _ 060
스페인식 해물밥 _ 098
시금치 병아리콩 스튜 _ 248

ㅇ
안달루시아식 프렌치 토스트 _ 278
알리올리 _ 038
알리칸테식 국물밥 _ 102
위스키소스 돼지 안심 _ 180

ㅈ
주키니 수프 _ 240

ㅊ
초리소 감자 스튜 _ 256

ㅋ
카디즈식 참치찌개 _ 166
카탈루냐식 채소 오븐구이 _ 124
카탈루냐식 크렘 브륄레 _ 270
칼라마레스 샌드위치 _ 226

ㅌ
토마테 프리토 _ 040
톨레도식 돼지고기 스튜 _ 188

ㅍ
판 콘 토마테 _ 052
피레네식 삼겹 양배추 _ 192
필필소스 대구 목살 _ 174

ㅎ
하몬 롤돈까스 _ 230
하엔식 떠먹는 샐러드 _ 132
해물육수 _ 035
해산물 빠에야 _ 090
햄 크로켓 _ 080
홍합 에스카베체 _ 064
홍합살 튀김 _ 222

재료별

채소

☐ 토마토
판 콘 토마테 _ 052
가스파초 _ 108
살모레호 _ 114
비트 살모레호 _ 118
라만차식
파프리카 샐러드 _ 120
세비야식
토마토 마리네이드 _ 128
하엔식 떠먹는 샐러드 _ 132
노가리 샐러드 _ 140
감바스 알 아히요 _ 146
톨레도식 돼지고기 스튜 _ 188
미트볼과 갑오징어 스튜 _ 196
칼라마레스 샌드위치 _ 226
렌틸콩 스튜 _ 244
남부식 갑오징어 스튜 _ 252
소꼬리 찜 _ 264

☐ 파프리카, 피망
가스파초 _ 108
라만차식
파프리카 샐러드 _ 120
카탈루냐식
채소 오븐구이 _ 124
하엔식 떠먹는 샐러드 _ 132
렌틸콩 스튜 _ 244
칼라마레스 샌드위치 _ 226
남부식 갑오징어 스튜 _ 252
초리소 감자 스튜 _ 256

☐ 감자
러시안 샐러드 _ 056
스페인식 오믈렛 _ 060
갈리시아식 뽈뽀 _ 072
알리칸테식 국물밥 _ 102
대구살 페이스트 _ 170
위스키소스 돼지 안심 _ 180

피레네식 삼겹 양배추 _ 192
바르셀로나식
감자 크로켓 _ 210
주키니 수프 _ 240
렌틸콩 스튜 _ 244
남부식 갑오징어 스튜 _ 252
초리소 감자 스튜 _ 256

☐ 가지, 호박
카탈루냐식
채소 오븐구이 _ 124
꿀가지 튀김 _ 206
주키니 수프 _ 240
렌틸콩 스튜 _ 244

☐ 양배추, 상추, 시금치
상추 앤초비 샐러드 _ 136
피레네식 삼겹 양배추 _ 192
렌틸콩 스튜 _ 244
시금치 병아리콩 스튜 _ 248

☐ 콩류
발렌시아식
전통 빠에야 _ 094
알리칸테식 국물밥 _ 102
톨레도식 돼지고기 스튜 _ 188
미트볼과 갑오징어 스튜 _ 196
렌틸콩 스튜 _ 244
시금치 병아리콩 스튜 _ 248
바스크식 해물찜 _ 260

해산물

☐ 새우, 민물새우
해산물 빠에야 _ 090
스페인식 해물밥 _ 098
감바스 알 아히요 _ 146
데친 새우 _ 150
민물새우 전병 _ 218
바스크식 해물찜 _ 260

☐ 오징어, 갑오징어, 문어
갈리시아식 뽈뽀 _ 072
해산물 빠에야 _ 090
스페인식 해물밥 _ 098
갑오징어 철판구이 _ 154
미트볼과
갑오징어 스튜 _ 196
칼라마리스 샌드위치 _ 226
남부식 갑오징어 스튜 _ 252

☐ 조개류
홍합 에스카베체 _ 064
해산물 빠에야 _ 090
바지락 술찜 _ 158
마리네라소스 홍합 _ 162
홍합살 튀김 _ 222
바스크식 해물찜 _ 260

☐ 멸치
멸치 마리네이드 _ 068
마리네이드 멸치 튀김 _ 214

☐ 대구, 흰살 생선, 노가리
노가리 샐러드 _ 140
대구살 페이스트 _ 170
필필소스 대구 목살 _ 174
바스크식 해물찜 _ 260

고기

☐ 소고기
미트볼과 갑오징어 스튜 _ 196
소꼬리 찜 _ 264

☐ 돼지고기
위스키소스 돼지 안심 _ 180
마리네이드 돼지 등심 _ 184
톨레도식 돼지고기 스튜 _ 188
피레네식 삼겹 양배추 _ 192

미트볼과 갑오징어 스튜 _ 196
바르셀로나식
감자 크로켓 _ 210
하몬 롤돈까스 _ 230
초리소 감자 스튜 _ 256

☐ 닭고기, 양고기
발렌시아식 전통 빠에야 _ 094
무어인 스타일의
꼬치구이 _ 200

달걀

러시안 샐러드 _ 056
스페인식 오믈렛 _ 060
하엔식 떠먹는 샐러드 _ 132
마늘 수프 _ 236
카탈루냐식 크렘 브륄레 _ 270
안달루시아식 프렌치
토스트 _ 278
스페인식 도넛 _ 282
산티아고 케이크 _ 286

햄, 소시지

레드와인 초리소 _ 076
햄 크로켓 _ 080
톨레도식 돼지고기 스튜 _ 188
바르셀로나식
감자 크로켓 _ 210
하몬 롤돈까스 _ 230
초리소 감자 스튜 _ 256

통조림 참치, 앤초비

러시안 샐러드 _ 056
하엔식 떠먹는 샐러드 _ 132
상추 앤초비 샐러드 _ 136
카디즈식 참치찌개 _ 166

《집에서 즐기는 스페인 요리 여행》과 함께 보면 좋은 책

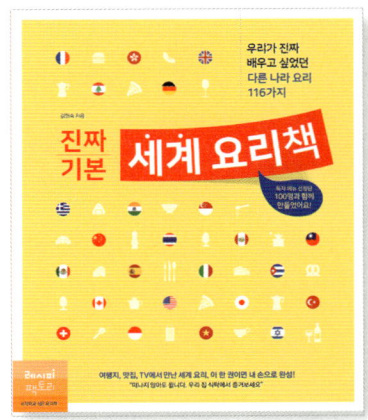

**여행지, 맛집, TV에서 만난 세계 요리,
이 한 권이면 내 손으로 완성!**

- ☑ 세계 요리 쿠킹클래스로 유명한 요리연구가의
  동서양 24개국, 116가지 다양한 요리 레시피
- ☑ 네이버 푸드와 함께 뽑은 식도락 여행 마니아
  100명이 독자 메뉴 선정단으로 참여
- ☑ 낯선 재료에 대한 특징, 활용법, 구입처 등의
  정보와 익숙한 재료로 대체하는 법 소개
- ☑ 각 요리의 탄생 배경, 메뉴명의 어원, 먹는 방법 등
  식문화와 관련한 읽을거리 수록

《 진짜 기본 세계 요리책 》
김현숙 지음 / 356쪽

**평범한 재료, 심심한 요리가
새롭고 특별해지는 한 끗 다른 플레이팅**

- ☑ 알아두면 유용한 기본 플레이팅 팁 20가지,
  샐러드, 샌드위치, 김밥 등 플레이팅 레시피 50가지
- ☑ 친근한 메뉴, 익숙한 재료, 쉬운 레시피에 아이디어를
  더한 푸드 아티스트의 플레이팅 노하우
- ☑ 모든 과정은 사진과 함께 자세하게 설명, 재료는
  쉬운 것을 기본으로 하되 대체재료나 구입처 함께 소개
- ☑ 실제로 저자가 사용하는 플레이팅 도구 정보,
  모든 요리에 영상으로 연결되는 QR 코드 수록

《 일상의 식탁을 빛나게 하는 플레이팅 레시피 》
고네뜨 한지원 지음 / 336쪽

늘 곁에 두고 활용하는 소장 가치 높은 책을 만듭니다 **레시피팩토리**

홈페이지 www.recipefactory.co.kr

집에서 즐기는 레스토랑 파스타의 맛, 셰프의 비법이 담긴 미식 파스타

- ☑ 이탈리안 레스토랑 셰프의 시그니처 파스타, 채식파스타, 생면파스타 등 특별한 미식 메뉴 41가지
- ☑ 파스타 삶는 법, 소스의 맛과 농도 맞추기, 피니싱 터치까지 실제 레스토랑 맛의 비법 수록
- ☑ 스톡, 소스 등의 정석대로 만드는 방법, 바쁠 때나 소량 만들 때를 위한 간단 방법 함께 소개
- ☑ 레시피팩토리 애독자 사전 검증으로 실용성 높고 믿고 따라할 수 있는 레시피

〈 매일 만들어 먹고 싶은 고메파스타 〉
남정석 지음 / 144쪽

소문난 집밥 고수 요리 선생님의 푸짐하고 고급스러운 한 끗 다른 밥요리

- ☑ 저자만의 킥을 담은 색다르고 폼 나는 솥밥, 이국적인 맛을 더한 고급스러운 덮밥 50가지
- ☑ 한 그릇 안에 다양한 채소와 포만감을 주는 고기, 해산물 등의 단백질을 함께 넣어 더 푸짐하게
- ☑ 준비가 오래 걸리거나 번거로운 육수, 감칠맛 소스 등은 시판 재료를 적절히 활용
- ☑ 밥 짓는 법, 도구 선택법, 비빔장 만드는 법 등 요리의 기초 체력을 높여줄 기본 가이드 수록

〈 매일 만들어 먹고 싶은 별미 솥밥 & 이색 덮밥 〉
문쌤쿠킹 문시진 지음 / 208쪽

가장 심플한 지중해 미식 *Hola*
집에서 즐기는 스페인 요리 여행

1판 1쇄 펴낸 날	2025년 6월 19일

편집장	김상애
디자인	조운희
사진보정	박형인(studio Tom)
기획·마케팅	내도우리, 엄지혜

편집주간	박성주
펴낸이	조준일

펴낸곳	(주)레시피팩토리
주소	서울특별시 용산구 한강대로 95 래미안용산더센트럴 A동 509호
대표번호	02-534-7011
팩스	02-6969-5100
홈페이지	www.recipefactory.co.kr
애독자 카페	cafe.naver.com/superecipe
출판신고	2009년 1월 28일 제25100-2009-000038호

제작·인쇄	(주)대한프린테크

값 25,000원

ISBN 979-11-92366-56-2

Copyright ⓒ 이상훈, 2025
이 책은 저작권법에 따라 보호받는 저작물이므로 무단 전재와 복제를 금합니다.
이 책의 내용 일부를 사용하고자 한다면, 반드시 저작권자와 출판사의 서면 동의를 받아야 합니다.

* 인쇄 및 제본에 이상이 있는 책은 구입하신 서점에서 교환해 드립니다.